巴黎历史侦探

[日] 宫下志朗 著
靳园元 译

PARIS

パリ歴史探偵

人民文学出版社
PEOPLE'S LITERATURE PUBLISHING HOUSE

《PARI REKISHI TANTEI》
©Shiro Miyashita 2020
All rights reserved.
Original Japanese edition published by KODANSHA LTD.
Publication rights for Simplified Chinese character edition arranged with KODANSHA LTD. through KODANSHA BEIJING CULTURE LTD. Beijing, China
本书由日本讲谈社正式授权，版权所有，未经书面同意，不得以任何方式做全面或局部翻印、仿制或转载。

图书在版编目（CIP）数据

巴黎历史侦探 /（日）宫下志朗著；靳园元译 . —北京：人民文学出版社，2024
ISBN 978-7-02-018287-9

Ⅰ.①巴⋯ Ⅱ.①宫⋯ ②靳⋯ Ⅲ.①巴黎－地方史 Ⅳ.①K565.9

中国国家版本馆CIP数据核字（2023）第197059号

责任编辑	朱韵秋
装帧设计	陶 雷
责任印制	张 娜

出版发行	人民文学出版社
社　　址	北京市朝内大街166号
邮政编码	100705
印　　刷	三河市博文印刷有限公司
经　　销	全国新华书店等
字　　数	162千字
开　　本	880毫米×1230毫米　1/32
印　　张	9.5　　插页2
印　　数	1—6000
版　　次	2024年3月北京第1版
印　　次	2024年3月第1次印刷
书　　号	978-7-02-018287-9
定　　价	60.00元

如有印装质量问题，请与本社图书销售中心调换。电话：010-65233595

目　录

001　　序

001　　**第一章　三面城墙，三个时代**

003　　飞越中世纪

　　　　腓力二世·奥古斯都城墙 / 城墙的拟态 / 沿着左岸城墙
　　　　缓步慢行 / 台阶的故事 / 护城广场

028　　古地图中的巴黎

　　　　查理五世城墙 / 地图的预言和诺查丹马斯的预言 / 探访
　　　　哥白林家的乡间别墅 / 寻找少女风车磨坊

050　　入市税征收处存在的时代

　　　　100 升葡萄酒，25 法郎 / 包税人城墙 / 留存至今的圆厅
　　　　城关 / 城墙上的亨利·卢梭

067　【专栏】路易·塞巴斯蒂安·梅尔西埃《巴黎图景》
　　　　（1781年—1788年）

069　**第二章　拱廊街漫步**
071　　传颂之物
　　　　舒瓦瑟尔小巷的古老芳香 / 游艺剧院的后台门口 / 拱廊 vs 画廊 / 从茹弗鲁瓦拱廊街到韦尔多拱廊街 / 索邦拱廊街 / 深褐色的拱廊街
096　【专栏】《娜娜》（1880年）

099　**第三章　来自过去的旅游指南**
101　　《巴黎游客钻石指南》
　　　　马车线路的标识 / 别把东西落在出租马车上 / 银塔餐厅 / 贫穷的标志加尔尼旅馆 / 德国的加尔尼旅馆 / "Arlequin"是什么菜？
120　【专栏】左拉《小酒店》（1877年）
122　　存局候领
　　　　邮资后付的支付习惯 / 中央邮局 / 秘密模式 / 18岁以下禁止使用
133　【专栏】雷蒙·拉迪盖《魔鬼附身》（1923年）

目录

135　　照相馆时代
　　　　肖像小照 / 给兰波拍照的摄影师 / 立体照片热潮

145　　**第四章　探寻传说中的公共卫生间**
147　　秘而不宣的事项
　　　　免费如厕方法论 / 模糊的表述，模糊的地点 / 朗布托和穆尔维尔 / 公共卫生间和无味卫生间 / "朗布托柱"进化论 / 作为文化遗产的卫生间 / 公共卫生间的普鲁斯特式用法 / 无意识的记忆

171　　**第五章　充满回忆的马恩河**
173　　《小酒店》里的时空
　　　　好酒、坏酒 / 农贸市场和拾荒者 / 拜访红男爵 / 公共洗衣房

185　　马恩河畔沉思
　　　　郊区的舞厅酒馆 / 分散开来的舞厅酒馆 / 寻找河畔的舞厅酒馆 / 马恩河回忆

205　　突发奇想的废弃铁路线之行
　　　　绿色长廊 / 废弃铁路漫步

213	**第六章　印象派散步道**
215	正片与负片
	乘坐市郊电车 / 印象派绘画的负片 / "浊流"中的世界 / 布吉瓦尔村
234	【专栏】《保罗的女人》（莫泊桑，1881年）
235	学术文库版附录
	拉丁区的青春——从中世纪到文艺复兴时期的短暂旅行
242	后记
246	学术文库版后记
250	推荐阅读
266	译名对照表

序

1998年至1999年，我住在巴黎的圣安托万街区，西邻巴士底广场，旁边是夏洪尼路。沿着夏洪尼路的缓坡向下走，就是从前的沙隆村，无论有事没事，我都常去那边闲逛。这一带称得上名胜的只有拉雪兹神父公墓，没有其他特别之处，算是巴黎的郊区。但是，这样刚好。此处高层建筑不多，让人很放松，也有可以回头远眺巴黎街道的地点。地势稍高处坐落着圣日耳曼德沙隆教堂，那米色的外墙颇为护眼。

诚如一位朋友所说，圣布莱斯路① 已经和从前大不相同了。石板路两侧的建筑经过翻修，外表平整光洁。也许是我的心理作用，就连那家名叫"乡村餐厅"的餐厅也变得名不副实了。尽管

---

① 上文出现的"沙隆村"的中心区域。——若无特殊说明，本书脚注均为译者注。

如此，这一带充满乡土气息的风景还是让人难以割舍。这里有"牧场路"和"葡萄园路"，还有一个叫作"菜农"的车站（现地铁9号线上的一站）。虽说这些站名同样"名不副实"，但也足够令人感到欣慰。

这一天，我再次来到巴尼奥雷路那家我常去的咖啡馆。这家咖啡馆的窗边最合适回忆往昔的巴黎，因为，这里曾是早已废弃了的巴黎小环线铁路的一站——沙隆站。店里有点脏乱，游客罕至。说起来，这附近本来也没什么游客。店面由面积不大的车站大厅改造而来，略显昏暗，但是氛围感绝佳，且一杯咖啡只要5法郎，着实便宜。窗边可以俯瞰长满荠草的旧铁轨，坐在这个上佳的位置，品着浓缩咖啡，发呆沉思，可谓夫复何求。远处，两个年轻人沿着铁轨走来，不知道他们是怎么进入轨道区域的。他们边走边闹，看上去很是开心。

我翻开了随身携带的影集《马维尔的巴黎》。作为巴黎市的官方摄影师，马维尔（1816—1879）透过镜头，用冷静的目光记录下了在塞纳省省长奥斯曼的规划下面貌大变的巴黎风景。这本册子有七百多页，相当有分量，但是不管多重，我都会随身带着它。对照着眼前的巴黎，欣赏马维尔记录下来的从前的巴黎，实在妙不可言。不过很可惜，马维尔没有拍下沙隆村以前的样子。

序

那天，我想在《马维尔的巴黎》中寻找的不是巴黎的郊区，而是位于塞纳河左岸的安托万杜布瓦路。路不长，尽头有一段台阶。几天前，我携友人去了许久未至的"波利多"，一家因海明威等常客而知名的餐厅，也同样踏过了这段台阶。我们约在奥德翁路的一家咖啡馆碰头，先穿过圣日耳曼大道，再在医学院街——左侧的建筑是现在的巴黎大学①医学院——右转，最后，这段台阶就横陈于我们眼前。说不上为什么，明明只是夜里总会有醉汉在附近随地小便的台阶，我却对它印象颇深。从前，我只是一边想着"这里有台阶啊"一边拾级而上，从未深入思考。

但这次有所不同，我的心中生出了一个疑问：为什么安托万杜布瓦路和王子先生路之间会有这样一段台阶呢？我在马维尔影集的索引中看到了安托万杜布瓦路的名字，于是带着影集来到了这个旧车站改造的咖啡馆。咖啡馆位于沙隆村，据说大名鼎鼎的让·雅克·卢梭曾在这一带采集过植物。此刻，坐在这家咖啡馆里，我再次翻开了马维尔影集的第545页。一瞬间，我近来有些

---

① 已于2022年更名为"巴黎西岱大学"（Université Paris Cité）。"巴黎大学"于1793年法国大革命时遭到解散，1896年重建，1968年被拆分成13所独立大学。其中，巴黎第五大学（Université Paris Descartes），是原巴黎大学医学部和部分教育学系的继承者，也就是文中提到的地方。2019年，巴黎第五大学、巴黎第七大学和巴黎地球物理学院合并为"巴黎大学"。2021年末，巴黎大学被巴黎第二大学起诉并败诉，失去了巴黎大学这一名称。

巴黎历史侦探

退化的推理能力少有地活跃起来，突然灵光乍现，想到可以在米其林出版的巴黎地图中找找看。——什么啊，这段台阶原来是中世纪巴黎残存的痕迹！我恍然大悟，问题竟然如此简单明了。明明我自己就是研究欧洲中世纪文艺复兴的，却迟迟没有意识到这是中世纪的遗迹，实在非常惭愧。

这个发现对我而言堪称重大，如此一想，我一刻也坐不住了，便匆匆离开废弃环线上的咖啡馆，跳上76路公交车，回到我在圣安托万街区租住的小阁楼，翻出了从日本寄过来的历史学家雅克·伊雷赫的巨著《巴黎街道历史辞典》。我相信，书中一定可以找到答案。就这样，几天之后，我开始着手实地考察中世纪巴黎的城墙——

如此这般，本书试着在一些不起眼的巴黎街景中，探寻这座城市的记忆。或者，请允许我如此描述，巴黎是一瓶香气馥郁的美酒，我想探寻酒瓶底部的沉淀物。我谨记着"细微之处见真章"，半是无心半是刻意地围绕一些算不上值得纪念的细节，展开了一场小小的侦探游记。除了前面提到的**台阶**，我在揭示巴黎**公共卫生间**这一小型建筑物的演变历程时，也参考了很多马维尔的照片。在**拱廊街漫步**的部分，我以发现一些无名的小路为主题，这些小路寂寞地完成使命后便消失不见，在人们的记忆中完全找不到一丝踪影。另外，在介绍19世纪中叶的旅游指南《巴黎游客钻石指南》时，我提到了**存局候领**制度。这个词对现在的我们来说虽然已经非常陌生，但它将在兰波和魏尔伦的**私奔**故事中登场。此外，我还提到了如**立体照片**之类，许许多多让人怀念的老物件。

最后，我必须承认，我的巴黎郊外漫步是一场多多少少带有感伤色彩的纪行。走在塞纳河及其支流马恩河的**河畔**，我不仅拍下了**河畔**这个经典回忆场景的正片，也拍下了它的负片①。

好了，亲爱的朋友们，接下来请大家随我一起，飞跃到中世纪的巴黎去看一看吧——

---

① "正片"指用来印制照片、电影拷贝的感光胶片等的总称。"负片"是经曝光和显影加工后得到的影像，其亮度和颜色与实际相反。

第一章

三面城墙，三个时代

飞越中世纪

腓力二世·奥古斯都城墙

欧洲的城市大多有着土石构筑起的坚实城墙,城墙外面还会挖上一圈壕沟。根据恺撒在《高卢战记》——高卢是法国的旧称——一书中的记载,这样的城市被称为 oppidum。该词源自 ops(力量)和 dō(给与),意为"给与力量",指在城市周围建起堡垒。当然,这跟大河剧①中出现的日语"与力"②一词没有关系。城墙是欧洲城市不可或缺的要素,古老的城墙里沉睡着极其悠久的历史。

事实上,欧洲是在中世纪之后才建起了真正的城墙。城墙、

---

① 大河剧:以战国或幕末等历史时期为背景的历史古装剧。——编注
② 与力(よりき):据日本大百科全书,与力在战国时期指武将麾下的骑兵。

教堂和定期召开集市的广场，是中世纪欧洲城市必备的"三件套"，巴黎自然也不例外。最初的巴黎是一块用土堆起来的高地，外面围着栅栏，和未开化的原住民据点差别不大。至今，巴黎还保留着一条"栅栏路"，其名称就是来源于此。

位于塞纳河右岸的巴黎市政厅的后身，正对着号称巴黎最古老的教堂——圣杰维圣波蝶教堂的后门。教堂门前有一条略带坡度的石板路，散发着朴实无华的韵味，正适合远眺西堤岛①和圣路易岛的迷人景色。你可以随便找一家附近的咖啡馆坐坐，要是囊中羞涩，在教堂的台阶上席地而坐也不错，眺望着这片巴黎最古老的城区，静听似水而逝的时光。没错，这条石板路就是栅栏路。相传，卡佩王朝的君主从莱斯特伯爵一世手中夺回巴黎后筑起了城墙。这一带地势的高低起伏，应该就是旧城墙留下来的痕迹。下面，请大家跟随我，从这个传说中的城墙出发，一起去探寻中世纪巴黎的遗迹。

我想第一个探访的是"腓力二世·奥古斯都城墙"。著名的腓力二世·奥古斯都（1180年—1223年在位）把法兰西的领土扩展到了诺曼底及南法兰西等地，为法兰西封建王朝的建立奠定了基础，巴黎大学的创立也要追溯到腓力二世的治世时期。作

---

① 又译西岱岛。

第一章

三面城墙，三个时代

为土生土长的巴黎人，腓力二世深深地爱着这片土地，正是他给巴黎的街道重新铺上了石板。虽然巴黎早在罗马时期就有了石板路，但到了腓力二世时期，这些石板路早已被厚厚的淤泥所掩埋。街上的马车来来往往，车轮卷着污泥飞溅，其恶臭甚至飘到了王宫里。腓力二世注意到后，便命令道："城中所有道路和广场，都要铺上结实的硬石板。"（参见《圣德尼修道院年代记》）

这位致力于美化巴黎市容的国王，也是加强巴黎军事防卫的第一人。他曾下令说："听好了，我要用坚固的城墙把这座城市围起来！"随即，腓力二世发起了十字军东征①。塞纳河右岸的防卫要塞率先动工。现在的卢浮宫博物馆，正是腓力二世当时下令建造的一座堡垒。从玻璃金字塔进入博物馆，参观了卢浮宫历史展馆②之后，来到地下一层的叙利馆。在这里，我们可以清晰地看到卢浮宫堡垒原本的样貌。穿过厚厚的城墙，映入眼帘的是古城堡的主楼③——在日本称之为"天守阁"——以及带有狭窄细缝的防护墙，其规模之宏大，让人叹为观止。

仔细观察这里的城墙，会发现城墙的石砖上有着心形、十字

---

① 准确来说，腓力二世发起的是第三次十字军东征（1189年—1192年）。
② 一般称作"钟阁"（Pavillon de l'Horloge）。下文有关卢浮宫的译注，请参卢浮宫博物馆官网（https://www.louvre.fr/zh-hans）。
③ 确切来说，至今依然可以看到的是1528年拆除的卢浮宫古堡主楼的基座。

形等不同形状的记号，与沙特尔大教堂①的石砖一样。这些记号是中世纪的石匠为自己切割出来的石材打上的标记，每周末，他们会根据标记过的石材数量，获得相应的报酬。教堂、大教堂、城墙是中世纪伟大艺术的结晶，然而，这些大型建筑物却是匿名作品，连设计者都无人知晓。设计者们清楚，自己服务于上帝，服务于这位伟大的、法力无边的艺术家，只要自己设计的建筑能屹立于天地之间，他们便满足了，不曾想过以创造者自居，也不曾想过把自己的名字留给后人。那时，还不存在近代意义上的艺术家。不过，仔细观察这些大型纪念碑便不难发现，无名的石匠们通过形状各异的标记昭告天下，"这块石头是我切的！"看上去似乎有些矛盾，艺术无名、劳动留名，中世纪就是这样一个时代。

城堡主塔的前方是圣路易厅，里面陈列着近年挖掘出的奇珍异宝。其中最为知名的是一件镀金铜头盔，据说查理六世（1368—1422）曾在阅兵时佩戴过。1984 年，该头盔由数百块碎片复原而成，是在某井底被发现的。这个精心修复的头盔上，清晰地刻着象征法国皇室的百合花纹样。

卢浮宫城堡是当时为防范诺曼底公国的袭击而修建的坚固堡

---

① 全称"沙特尔圣母大教堂"，法国著名的天主教堂，位于法国厄尔 - 卢瓦尔省省会沙特尔市的山丘上。

第一章
三面城墙，三个时代

垒。高高耸立的塔楼凝视着西北方，而法兰西士兵遥望着的诺曼底公国，也就是英国国王的领地前，另有一座坚固的堡垒雄踞睥睨，即盖拉德城堡（离巴黎约 100 公里）。它紧紧地盯着其眼中钉——塞纳河。1196 年，腓力二世的宿敌狮心王（即理查一世）建造了盖拉德城堡，用于抵御法兰西的军队。1204 年，盖拉德城堡被法兰西之王腓力二世攻占。

将巴黎整个牢牢围住的腓力二世·奥古斯都城墙全长 5400 米，除以圆周率，可以算出当时巴黎市的直径约为 1800 米。简单来说，当时从位于巴黎市中心、尚未完工的巴黎圣母院附近出发，无论朝哪个方向走，都只需要 10 分钟左右就能走到城墙之外。虽说巴黎是彼时欧洲屈指可数的大城市之一，但规模其实中规中矩。史称有超过 10 万人生活在这个狭小的空间里，其人口密度不可谓不高。

言归正传，腓力二世的城墙宽 3 米、高 10 米，设有 10 处城门。城墙上间或设有塔楼，仅塞纳河右岸就有 42 座，均有哨兵把守。据研究中世纪的史书记载，塔楼之间的距离约为 60—80 米，这样的间距设计是因为当时的主流武器是弩（英语为 crossbow，即十字弓），其射程至多 30—40 米。也就是说，塔楼间距可以满足从两侧的塔楼上一起放箭夹击敌人。话说回来，这个传说中可怕至极的弹簧式武器，射程竟然只有这么短吗？

巴黎历史侦探

城墙的拟态

接下来，让我们带着中世纪旅行者的心情，从栅栏路开始这一趟漫步之旅。此刻，我们已经穿越到了中世纪的巴黎，却突然发现，自己竟然不能像刚才那样尽情远眺圣路易岛的景色了。看看古地图，原因一目了然，中世纪的此处不过是几个互不相连的小岛屿。不过不要紧，让我们先沿着塞纳河向东走。很快，在桑斯府邸前，巴黎查理曼高中映入眼帘。

相关研究表示，塞纳河右岸——从塞纳河的上游往下游看，左手边称作左岸，右手边称作右岸——保留着相当一部分的腓力

巴黎查理曼高中边上的城墙遗迹

二世·奥古斯都城墙。但实际上，城墙的大部分已经在近几年的翻修等施工中遭到了破坏，保留下来的部分也大都难以从外部辨识了。不过，在查理曼高中，腓力二世城墙的遗迹充当起了学校操场与外界的隔离带，旧城墙与现代景观融为一体。此处的城墙保存得很完整，算是一个很好的文物建筑范例。城墙遗迹旁边是战略要冲圣安托万门，这里还

被称作"圣保罗暗门"的塔楼

保留着两座城墙塔楼。据说，塔楼面向街道的一侧有暗门，所以这里的塔楼也被称作"圣保罗暗门"。城墙上随处可见狭小的缝隙，箭就是从这些缝隙中射出去的。上前仔细观察这段石墙，可以看到这里的石砖上也刻有石匠的十字标记。我去的那天，正好看到一位老师在训斥一个男生，因为他对跑步的女生冷嘲热讽。翌年，当我再次经过那里，发现一半操场已经成了篮球场，男孩们正在场上奔跑，那幅景象不知怎么，让人觉得带着一点美国风情。

石匠的十字标记

说到城墙上的塔楼,只要穿过里沃利街,来到法国国家档案馆,就能看到更漂亮的景象。但在那之前,我想先绕去弗朗索瓦米龙大街看一看。弗朗索瓦米龙大街的 11 号和 13 号,两栋木质结构的美丽建筑矗立着。准确来说,它们是 15 世纪的古建筑,亦是如今巴黎难得一见的中世纪房屋。另外,这条街的 44 号是"历史巴黎保护和价值重现协会",那里可以找到有关巴黎历史的各种书籍。此处原本是熙笃会①下属的乌尔斯坎普修道院②的巴黎宿舍,后来因为财政困难,曾出租给普通民众。百年战争③期间,这里有一位租户名叫让·罗什,人称"乌尔斯先生",他是

---

① 熙笃会(Cistercians),又译西多会。罗马天主教修道士修会。
② 又译欧斯坎普修道院。
③ 指从 1337 年至 1453 年的百余年间,英、法两国断断续续进行的战争。

第一章
三面城墙，三个时代

忠实的勃艮第派，曾在背后支持勃艮第公国公爵"无畏的约翰"。1413 年，巴黎被支持奥尔良王室的阿马尼亚克人占领。据传，当时勃艮第派的资产阶级策划了许多阴谋，但种种计划最终败露，乌尔斯先生惨遭斩首。背后藏着这样一段历史故事的乌尔斯坎普宿舍，最近才被修复。在中庭的小院子里，游客可以用手触摸到房子漂亮的木质结构，凉爽的地窖更是会让人沉浸到中世纪的氛围之中。

好了，让我们加快脚步，向法国国家档案馆进发。站在法国国家档案馆入口向南远眺，可以看到过去"公立当铺"的总部（现为巴黎市立典当银行）。当铺和旁边的建筑之间，一座红砖塔大大方方地露出头来，它就是我们要寻找的那座城墙塔楼，有着足以代表腓力二世时期塔楼的雄姿。不过，据说在 19 世纪的修

眺望巴黎市立典当银行中庭的塔楼

卢浮宫大街13号，塔楼的"化石"。

复工程中，其上半部分被过度修缮了。

在步履匆匆的塞纳河右岸探访之旅的最后，我想为大家介绍一处别具一格的腓力二世城墙塔楼作为收尾。穿过众多年轻人聚集喧闹的巴黎大堂，再走过屋顶造型像扣过来的碗一样的商品交易所——对了，这个商品交易所的所在之处，原本也是腓力二世城墙的一部分——我们的目的地就在前面，卢浮宫路13号。这里有些建筑物的背面已经变得光秃秃的了，仔细一看，还有一面墙壁被挖掉了圆圆的一块。这恰恰间接证明了腓力二世·奥古斯都城墙曾在这里存在过，换言之，就是所谓的"负片"。如果把

第一章
三面城墙，三个时代

圆形的塔楼比作古代恐龙的脚，那我们看到的就是它留下的"化石"。建筑四周围着灰绿双色的围栏，看起来拆迁工程迫在眉睫。但是，我由衷地希望这处遗迹能保留下来。

沿着左岸城墙缓步慢行

巴黎到处都能见到处于拟态①的中世纪城墙，正因如此，扮成侦探找出它们才格外有趣。接下来，让我们来到塞纳河的左岸，沿着传说中的城墙，好好看一看。

先从圣米歇尔桥开始，一边走一边瞧着塞纳河畔的古董书摊②。新桥前面是孔蒂码头，码头旁巴黎钱币博物馆和法兰西学院毗邻而居。这一带就是塞纳河左岸城墙的起点。擘肌分理地仔细观察钱币博物馆的墙壁，会发现在腓力二世·奥古斯都城墙标牌的旁边，有一个写着"奈斯勒塔"字样的标牌。这座塔睥睨着法兰西首都的西侧，与对岸的卢浮宫堡垒隔河相望。我们的左岸城墙探索之旅就从这里开始。

---

① 生物学名词，指一种生物模拟另一种生物，或模拟环境中的其他物体，借以蒙蔽敌害、保护自身的现象。
② Bouquiniste，在塞纳河畔以露天的形式贩卖旧书和古籍的商铺，其历史从17世纪延续至今，名列联合国教科文组织世界遗产。——编注

说到奈斯勒塔,我耳边马上便回响起乔治·布拉桑①吟唱的维庸抒情诗的一节,这节是鄙人的最爱。

> 再说,何处又是这位王后,
> 她一声令下,就把布里当
> 捆在袋中往塞纳河里丢。
> 去岁下的雪,今又在何方?
>
> (维庸《古美人谣》)②

诗中讲述了一个14世纪的传说。腓力四世的王后迷恋年轻男子,恋人换了一个又一个,沉迷在爱情的游戏中。为了封口,还会将他们从塔楼的窗户扔到下面的塞纳河里溺死。著名哲学家、历任巴黎大学校长的布里当先生年轻时放荡不羁,同样没能拒绝王后的邀请。但他行事谨慎,还事先在塔楼窗下准备了铺满干草的小船,多亏如此,他被扔下来后幸免于难。关于奈斯勒塔的故事众说纷纭,还有人认为这是腓力四世儿媳们的桃色丑闻。

---

① 乔治·布拉桑(Georges Brassens, 1921—1981),法国歌唱家兼作曲家,他如诗歌般的作品使得他获得了诗人的称号。
② 《古美人谣》(Ballade des Dames du temps jadis)。此处节选为程增厚译,流传最广,但被指出有错漏。

第一章
三面城墙，三个时代

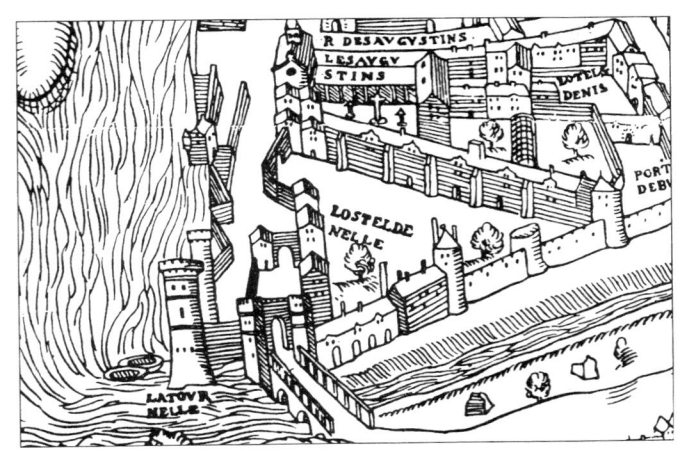

奈斯勒塔和两艘小船（摘自《巴塞尔巴黎地图》）

无论如何，奈斯勒塔最为人熟知的就是这个传说了。16世纪的《巴塞尔巴黎地图》中，奈斯勒塔下画有两艘小船，似乎是有意地在配合这个传说，让人觉得欣喜。关于这幅地图的更多信息，我会在《古地图中的巴黎》一节中详细介绍。

让我们带着在城墙外巡逻的心情，沿着钱币博物馆旁边的盖内高街走一走。如果博物馆的大门开着，可以进院子里看一看，其中一部分墙壁可能正是中世纪城墙的遗迹。盖内高街的尽头与马萨林路交会，我们在这里左转。马萨林路是从塞纳河边一路斜着延伸过来的，而中世纪的腓力二世城墙就在这条路延伸出来的轨迹上。我们顺着这条路，穿过圣日耳曼大道路口，来到奥德翁

015

地铁站，前面的这条路叫作王子先生路，这个平缓的斜坡其实也是中世纪城墙留下来的一部分。

翻阅伊雷赫的辞典就会发现，马萨林路以前叫作"奈斯勒护城河路"，这个名字源于查理五世（1364年—1380年在位）统治时期。当时，城墙外曾修建了一条护城河。我们这些热爱老巴黎的人，都更希望能保留这个有故事的名字，毕竟通过名字，能令人立刻意识到，这里曾有过一条护城河。该护城河在17世纪时被填埋，不知道宰相马萨林①是否曾参与这项填埋工程。马萨林路上奇数编号的建筑——编号的原则是，背对塞纳河而立，左边是奇数，右边是偶数——都是在护城河被填埋之后修建的。我也听人说过，这一带建筑物的地下室总是发潮。

接下来，让我们马不停蹄地来到马萨林路左侧的地下停车场。也许是错觉，但我总感觉这里湿气很重。地下三层的停车场后面，一段城墙突兀地矗立着。因为我非常喜欢公共停车场与中世纪城墙的巧妙结合，所以经常来这里，还会强行带着来巴黎玩的朋友到此处参观。这个街区的一些精品店，也会把旧城墙当作店内的内部装饰。

结束这场停车场探险，让我们稍微折返进入王妃拱廊吧。尽

---

① 尤勒·马萨林枢机（Jules Cardinal Mazarin，1602—1661），又译儒勒·马扎然，法国外交家、政治家，法国国王路易十四时期的宰相及枢机。

第一章
三面城墙，三个时代

马萨林路地下停车场中的城墙

管被称为**拱廊**，但此处并非拱廊式街道①，只是一条穿行中庭的近道。街上有几家时髦的茶室，是一处让人身心放松的空间。据说，位于此处的语言学校，其大教室的墙壁也是腓力二世城墙的遗迹，遗憾的是我还没有亲眼确认过。

从王妃拱廊出来向右转，来到安德烈马茜路，这里残存着过去在城墙内巡逻的路线的痕迹。这条路的尽头是圣安德烈商业街，街道铺满了凹凸不平的石砖，踩上去很舒服。圣安德烈商业街没有拱顶，街道两侧开着咖啡馆和小商店，比如总是聚集着很多年轻人的马茜咖啡馆。商业街左手边有一家店铺正在装修，透

---

① 通常指两排商店或摊位之间带拱顶的通道，或者沿街两侧的房屋均有屋檐的小路。——编注

017

圣安德烈商业街的石砖

过玻璃往里瞧，你会惊讶地发现，画着涂鸦的玻璃后面，竟然赫然挺立着一座中世纪的塔楼。

游客熟知的**普罗可布咖啡馆**[①]也在这附近，不过它现在已经成了一家餐厅。普罗可布咖啡馆之所以生意兴隆，是因为它对面曾经是法兰西喜剧院（1689年—1770年），咖啡馆旁边的**老喜剧院街**便是由此得名（挂有标牌）。旅游指南中常常提到，普罗可布咖啡馆是罗伯斯庇尔、乔治·雅克·丹东，以及后世的乔治·桑和奥斯卡·王尔德的最爱。需要特别指出一点，老喜剧院

---

① 巴黎第一家咖啡馆。

第一章
三面城墙，三个时代

店铺里面竟然有中世纪的塔楼！

街以前叫作圣日耳曼护城河路。诚如其名，这里以前紧挨着腓力二世城墙的外侧。

台阶的故事

走过奥德翁地铁站的十字路口，沿着医学院街向前，街道右侧的巴黎第六大学前虽然保留着方济各会修道院的一部分（食堂等），但我们要在与医学院街交会的安托万杜布瓦路向右转。这段路非常有趣，因为我们必须登几级台阶，才能到达前方的王子先生路。为什么唯独这里有一段台阶呢？我想试着解开这一段只

巴黎历史侦探

遥望通向王子先生路的台阶

有几米高的台阶的谜题。

　　前文提到，王子先生路所在的位置与以前的城墙重合。我遵循历史侦探的套路，查询了这条路的旧名称。原来，14世纪时，这条路被称为"护城河上的路"，15世纪时改名为"圣日耳曼护城河路"，后来又变成了"王子先生路"，名字被不断更改。其名表其意，这段台阶无疑是建在过去的护城河堤岸的斜坡上。走在王子先生路，其左侧与路有高低差，要更低矮；而到了与圣米歇尔大道交会处附近则刚好相反，其右侧与路有高低差，要更突起。只有原本修在护城河上的路，才会形成这种奇妙的落差。

　　类似这样的其他护城河堤岸是否有迹可循呢？位于圣米歇尔

第一章
三面城墙，三个时代

王子先生路上奇妙的坡度

大道前方的马勒伯朗士路，此处以一种极端的形式保存下了堤岸存在过的痕迹。这条路修建在过去的护城河堤坝上，所以右半部分地势较高，成了一段台阶。如果说一个人脸上的皱纹印刻着他的生活轨迹，那么街道就是名为城市这张脸上的皱纹。单调的街道可能暗示着这座城市历史短浅，而那些歪曲粗陋的街巷中，往往蕴藏了最深厚的历史。带着这样的想法漫步巴黎，是我感到最为幸福的时刻。

马勒伯朗士路与以前的拉丁区主干道圣雅克路交会，在塞纳河左岸说到**主路**，所指的一定是圣雅克路。圣雅克路 172 号的标牌显示出，这里以前是**圣雅克门**的所在之处。穿过这条大路，有

巴黎历史侦探

马勒伯朗士路上的坡道（旧护城河堤岸斜坡的一部分成了一段台阶）

一家名叫"Au Port du Salut"的餐厅，店名意为"救赎之港"。这家餐厅与旅笼[①]的食堂颇为相似，是日本留学生常去的地方。20世纪初，阿杰特[②]孜孜不倦地拍摄了很多当时的巴黎街景，他也拍过这家餐厅。对照阿杰特拍的照片，便会发现这家餐厅几乎没有什么变化（细节请参：大岛洋著，《阿杰特的巴黎》）。稍微抬头往上看，还能发现一个很有意思的标识，"RUE DES FOSSE(Z)S SAINT-JACQUES"。标识的历史大概可以追溯到18世纪，它不是印在标牌上，而是直接刻在建筑物的石砖上的。寻找这样

---

① 旅笼（**旅籠**/はたご），指日本江户时期在驿站向旅行者提供食宿的旅店。
② 指尤金·阿杰特（Eugène Atget, 1857—1927），法国摄影师。——编注

的老标识也是巴黎漫步的魅力之一。

继续前行,从圣雅克护城河路到图安路形成了一个微妙的弧度,这段曲线又是一处中世纪城墙留下来的残影。途中经过的吊刑广场,是以前对罪犯或逃兵实施**吊刑**的地方。据说犯人会被吊起来一遍又一遍地摔落,直到粉身碎骨,实在可怕。

直接刻在石砖上的道路标识还保留着。

护城广场

如果这附近的门开着,可以进去看看城墙的遗迹,当然,没开也没关系,去护城广场①的大啤酒杯咖啡馆休息一下也不错。

---

① 或音译为康泰斯卡普广场。——编注

这里恰好是过去的圣马塞尔门（又名博德尔门）。顺便一提，所有旅游指南，甚至法国出版的《米其林巴黎指南》日文版中，该广场的读音都被标为"コントルスカルプ"，其实并不准确。熟悉法语发音与拼写规律的人应该清楚，这个词的音节应当切分为"Con/tres/car/pe"，日语应该读作"コントレスカルプ"。当然，我没打算在本书中上法语课。这个名字同样是**其名表其意**，contrescarpe 一词意为"护城河外侧的堤岸斜坡"。如果想从这里前往附近的一家韩国餐馆，就要沿着布兰维尔路的坡道往上走，而那正是护城河堤岸留下的痕迹。还有我们刚刚走过的安德烈马茜路一带，从前也被称做**外堤岸路**。

我们在护城广场稍作休息，广场北侧有一家咖啡馆，以前叫业余爱好者咖啡馆①。海明威以巴黎为背景创作的经典名著《流动的盛宴》，在全书的开头是这样描述这家著名的咖啡馆的："那个地区的酒鬼全都拥挤在里面，我是绝足不去的，因为那些人身上脏得要命，臭气难闻，酒醉后发出一股酸臭味儿。"② 日本研究法国文学的鼻祖辰野隆也曾写道："有一条叫作外堤斜坡的肮脏小路，路中间有一个公共卫生间。路上还只有一家咖啡店，周围密

---

① 又译"艾美特咖啡馆"。译文引自汤永宽译《流动的盛宴》（上海译文出版社，2009 年）

② 译文出处同脚注 ①。

第一章
三面城墙，三个时代

密麻麻都是寻常人家。……让人觉得十分肮脏。"但他仍然没有忘记加上一句："虽说如此，那里依旧风景如画。"（摘自《漫步巴黎》）。辰野提到的**一家咖啡店**无疑是指业余爱好者咖啡馆。虽然现在那里已经没有公共卫生间了，但从很久之前开始，就常有流浪汉白天便在广场中央喝得酩酊大醉。

广场往南的坡道是穆浮塔街。按海明威的说法，每到午夜时分，这里会有拉粪马车经过。马拉着褐色和黄色的车辆缓缓前进，看上去很像乔治·布拉克的画，但据说周围臭不可闻，难以忍受。如今挤满了购物者和游客的穆浮塔街一带，原本就与恶臭颇有渊源。过去，这一带利用比耶夫尔河河水而兴起的染布业非常发达，因此总是臭气熏天。穆浮塔，即"Mouffetard"一词源自"mofette"，意为"令人窒息的臭味"或"臭鼬"。简而言之，穆浮塔街意为"臭不可挡的街"，实在是名副其实。当然，这里今不同昔，已经成了一个使人心灵放松的气氛亲和的街区，我就经常和朋友相约在大啤酒杯咖啡馆碰头。

明明刚刚还在中世纪的巴黎漫步，一不小心话题却突然转向了我最喜欢的《流动的盛宴》。言归正传，短暂休息后，让我们一边欣赏旁边的海明威旧居，一边沿着乐牧安红衣主教路继续向前走。右手边写着65号街名称的蓝色标牌上方另有一块标牌，上面写着"原圣维克托护城河路"，这条路也是在护城河被填埋之后修建的。这一带因保留了许多中世纪的城墙而闻名。比如，来到克洛维路，往左手边看，古城墙拔地而起，上面贴着写有"腓力二世·奥古斯都城墙遗址，12世纪"（RESTE DE L'ENCEINTE PHILIPPE AUGUSTE XII SIECLE）字样的标牌。或许有些吹毛求疵，但我还是想指出，严格来说，不是 **12 世纪**，而是 **13 世纪**。诚然，城墙始建于 12 世纪末，但塞纳河左岸的工程是在 1209 年至 1213 年进行的。据相关书籍记载，城墙墙基 3 米，总高度 10 米，实物与记载相差不远。这个遗址的有趣之处在于，墙体内部已然裸露。仅从眼前的实物来看，腓力二世·奥古斯都城墙并不像金字塔那样，是用切割好的石块砌起，而是外部用石头搭建，内部灌注碎

克洛维路的旧城墙是旅游指南上必定会出现的地方，走进中庭的院子可以看得更清楚。

第一章
三面城墙，三个时代

石，再用灰泥之类的材料填充而成。

除此之外，克洛维路 7 号和乐牧安红衣主教路 62 号也保留了一些旧城墙，走进院子里就能看见。如果有人拦住你，你什么都不用回答，只需要指向墙壁，他们自然就会明白，会点着头说"好的，好的（Oui, oui）"。

塞纳河左岸城墙的终点是乐牧安红衣主教路 50 号。改建过的消防站与中世纪墙体很好地融合在了一起。穿过学院路，沿着圣伯纳德护城河路继续向前。右手边是巴黎第六大学和第七大学的建筑，颇具威严，与左手边阿拉伯世界研究中心金光闪闪的建筑形成了鲜明的对比。终于，我们抵达了终点，托内尔码头。城墙的东侧本应耸立着托内尔行宫，但很遗憾，它没有留下任何痕迹。

与消防站融为一体的中世纪城墙

古地图中的巴黎

查理五世城墙

接下来，让我们从中世纪穿越到几个世纪之后，从上空俯瞰文艺复兴时期的巴黎。下图是著名的《巴塞尔巴黎地图》（约长96厘米、宽133厘米），创作于16世纪中期。这幅巴黎地图由8块木板组成，纯手工上色，堪称城市地图中的杰作。它并不是在巴塞尔绘制完成的，之所以被冠上这一名字，是因为19世纪末在巴塞尔大学图书馆发现了这一地图。实际上，这幅地图是由位于巴黎蒙特戈依街①（巴黎大堂以北）的一家工坊制作的。文艺复兴时期，这条街上有很多印刷工厂和版画工作室，出版发行了大

---

① 亦译作蒙特吉尔街，以时尚著称。后面出现的"巴黎大堂"曾在上一节中提及，是巴黎第一区的一个区域，位于蒙特吉尔街的南端。

第一章
三面城墙，三个时代

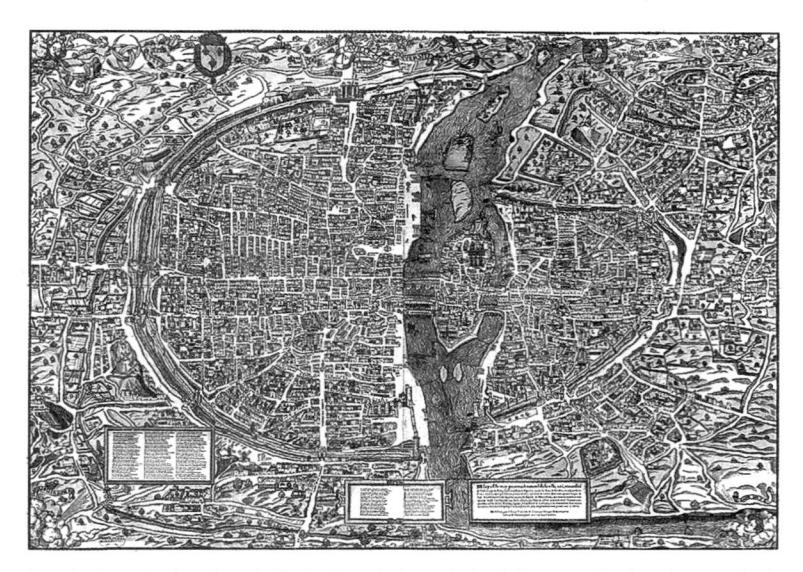

《巴塞尔巴黎地图》，实物为手工上色，右侧中部可以看到两个"哥白林家的风车磨坊"。

量的带有插图的早期报纸和刊物（即日本的瓦版①）。

首先要注意的是，这张地图的方向以左为北，可见当时还没有地图必须上北下南的规矩。其次是这张古地图的写实程度，地图的中心部分相当还原，但不知是夸张还是虚构，越靠边缘的部分，绘制手法越显失真。比如地图上方，即东方，巴士底狱紧挨着圣安托万修道院，事实上这两个地方相距将近1公里，离文森

---

① 用黏土制成瓦坯，在上面雕以文图，烧制定型后作为原版印刷，是日本近代报纸的雏形。——编注

圣安托万修道院和文森森林离得很近。(摘自《巴塞尔巴黎地图》)

森林①也不可能有这么近。

接着往下看,地图下部画得像直角尺一样的塞纳河虽然离谱,但这么画是为了把位于下方的夏乐宫和位于右下方的欧特伊等近郊村落也收入地图之中。为了把关键地点都收录进四四方方的空间中,古地图时常会采用这种迫不得已的画法,这是一个需

---

① 位于巴黎东南侧的一片森林。——编注

第一章

三面城墙，三个时代

为了将夏乐宫和欧特伊等村落收入地图，塞纳河被画成了直角。（摘自《巴塞尔巴黎地图》）

要记住的知识点。

让我们一边浏览地图，一边畅想中世纪末至文艺复兴时期的巴黎。环顾水量充盈的护城河不难发现，右岸城墙围起来的范围要比左岸的大一些。"英明王"查理五世下令在塞纳河右岸修建新的城墙，他修建的城墙和护城河所留下的遗迹，也都化身为台阶等形态，散落在右岸各处，大家可以自行探索。比如从巴士底广场以北出发，沿着阿姆洛路走到马戏团小屋**布格里奥纳冬季马戏团**，应该就可以清楚地看到那里保留下来的台阶。

与右岸的建设相比，查理五世对左岸的建设仅限于修缮加固了腓力二世·奥古斯都城墙和修建了一条护城河了事。塞纳河右岸城区不断扩大，根据税收登记册的记录倒推，当时巴黎总人口的八成都集中在右岸城区，优先在这里修建新城墙也是理所当然的。相比之下，西堤岛的人口不足巴黎总人口的一成，这样算下来，塞纳河左岸，也就是俗称**大学区**的人口堪堪超过一成。以大学和修道院为代表的左岸地区，其城市化程度远远落后于右岸。

"英明王"还致力于打造一个美丽的巴黎。在修复巴黎圣母院之后，他又开始着手卢浮宫的重大修缮工作。当时，卢浮宫已经位于城墙内侧，失去了作为首都防御工事的战略意义，于是国王查理五世将它改造成了一个可以居住的城堡。不过，他并没有抽干护城河，据说这是为了保留卢浮宫在紧急情况时作为王公贵族避难所的功能。关于新卢浮宫壮丽的雄姿，我们可以从《贝里公爵的豪华时祷书》等当时的微缩画中略窥一二。查理五世将卢浮宫西北角的塔楼改建成了书库，收藏了大量的珍贵抄本，这就是著名的**查理五世图书馆**。

查理五世对巴黎东部的防御工事也毫不懈怠。当然，这很大程度上是因为东边玛莱区的圣波尔行宫（已不存在）是皇家住所之一。修建新城墙时，查理五世命人在圣波尔行宫外修筑了一个与左岸对称的防御工事，隔着西堤岛与卢浮宫遥相呼应。他还在附近的圣安托万门旁边增补了两座塔楼，这就是巴士底狱。巴士

第一章
三面城墙，三个时代

底，即"bastille"，原本只是一个普通的名词，意为"城寨"。后来，这里成了关押政治犯的监狱，还诞生了**铁面人传说**[①]。这里还是身陷囹圄的萨德侯爵写下《索多玛120天》的地方。巴士底狱在法国大革命中被毁后，拿破仑曾在原址上放置过一个巨大的大象青铜像。广场上，木头和灰泥构筑的大象像如同幽灵一般矗立，任凭风吹雨打。相信喜欢雨果的《悲惨世界》的读者一定都还记得，流浪儿小伽弗洛什（该人名现在成了一个普通的名词，意为"淘气的少年"）从巨象前腿上的秘密入口进入大象内部，把这个摇摇欲坠的躯干当作自己的家（见《悲惨世界》第四卷）。再后来，为了纪念七月革命[②]，这里立起了"七月柱"纪念碑，雨果讽刺地称之为"火炉烟囱"。如今，这座纪念碑被装上了彩灯。

现在，我们一起去找找被毁的巴士底狱遗迹吧。站在广场上，仔细观察地面，可以看到各处的石板上残留着线条，连起来形成了一个五角形堡垒的轮廓。要是想看巴士底狱本身，可以去地铁5号线开往博比尼方向的站台，那里还保留着一段几乎裸露的护城河河堤。来巴黎旅行的游客要经常在这个车站换乘，可能

---

① 巴士底狱中曾关押过一个戴着铁面具的神秘人，身份成谜。有人认为是路易十四本人，还有人认为是路易十四的父亲、兄长或者是英国国王查理一世等，众说纷纭。这个神秘的铁面人在雨果、伏尔泰以及大仲马等人的作品中都有出现。

② 指1830年7月法国推翻复辟波旁王朝，拥戴路易·菲利浦登上王位的革命。

迁移后保存下来的巴士底狱遗迹（亨利·伽利街心公园）

对此地比较熟悉。顺路去叙利－莫尔朗地铁站看一看的话，只需徒步5分钟。在叙利桥上远眺圣路易岛和巴黎圣母院的景色之后，走向附近的街心公园，可以看到那里保留着修建地铁时挖掘出的部分塔楼。读者或许会认为巴士底狱是法国大革命的起点，值得一看，那么沿着圣安托万路走回5号街区就好。那里写着："这里是巴士底狱的前院。1789年7月14日，起义军从这里攻入巴士底狱……"

第一章
三面城墙，三个时代

地图的预言和诺查丹马斯的预言

传闻查理五世居住的圣波尔行宫狭小又通风不佳，于是他移居到了位于圣安托万路北侧的托内尔行宫。到了 16 世纪，弗朗索瓦一世将卢浮宫指定为法国最重要的皇宫，把圣波尔行宫赏赐给了贵族。这样一来，在玛莱区就只有托内尔行宫实质上保留了行宫的功能。后来由于卢浮宫翻修，亨利二世（1519 年—1559 年）在位的大部分时间都是在托内尔行宫中度过的。

1559 年 6 月 30 日，为了庆祝法国与西班牙的长期战争结束以及政治联姻的确立，亨利二世在托内尔行宫前的圣安托万路上临时围起一圈栅栏，举办了一场骑乘枪术比武大赛。亨利二世要求与苏格兰卫队长蒙哥马利进行一场友谊赛，蒙哥马利推辞不过，不得不与国王比画起来。过程中，令人难以置信的意外发生了，在二人冲撞之间，蒙哥马利的长矛断裂，扎进了亨利二世的眼睛，伤到了脑部。亨利二世立即被送到托内尔行宫，接受了安布鲁瓦兹·帕雷等名医的治疗，但依然于 7 月 10 日不幸离世。这可谓一场严重的国家危机。

现在，让我们来看一看《巴塞尔巴黎地图》。在托内尔行宫的院子里，赫然有一个身影在默默地练习长矛。这不禁让我心中

在托内尔行宫的院子里，一个独自练习长矛的男子。

出现了一个想法：这张绘制于16世纪中期的地图，俨然预言了亨利二世的死亡。正是在这场惨剧发生的不久之前，诺查丹玛斯的预言诗集《百诗集》①的初版（1555年）刚刚于里昂发行。当地一位商人记录下了诺查丹玛斯于1550年造访里昂的事：

> 米歇尔·德·诺特达姆，一位来自普罗旺斯地区萨隆的占星家，造访了我市。他对手相、数学和占星术的造诣颇

---

① 多误译为《诸世纪》。原书中出现的篇章标题 Centuries，并非英语 century（世纪）的复数，而是法语 centurie 的复数形式，意为"百人编制"，此处取"一百首诗集"之意，即含诗百首。

第一章
三面城墙，三个时代

深，不仅通晓过去，还能洞察人心、预言某些人身上未来会发生的大事。听闻他还曾进宫拜谒，国王陛下询问他的意见时，他对陛下身边阴谋四伏的状况表示担心。他说，国王陛下在 8 月 25 日之前被斩首的风险很高。（让·盖劳德著，《里昂年代记》）

据说，王后凯瑟琳·德·美第奇笃信占星术，才请诺查丹玛斯到巴黎做占卜。亨利二世的死或许让王后想起了《百诗集》中的一个预言："年轻的狮子将击败年老的狮子，在一场一对一的战斗里。"国王崩逝的噩耗立即传遍了全国。前面提到的那位里昂商人在日记中这样写道：

> 1559 年 6 月的最后一天，星期五。亨利国王陛下为了庆祝妹妹伊丽莎白·德·瓦卢瓦殿下与西班牙国王（即费利佩二世），以及萨伏依公爵与陛下的异母妹妹法兰西的玛格丽特殿下的婚礼，举行了骑乘枪术比武大赛。枪术大赛当天，国王戴着头盔遭受了迎面一击——引发了一场可怕的灾难——于 7 月 10 日崩殂。刺中这致命一击的是洛尔热勋爵的儿子（即蒙哥马利），据说他立即逃往了威尼斯，而他的父亲则在无限的痛苦中死去了。国王以其在比武大赛中出色

地履行了一个骑士的职责为由,赦免了洛尔热勋爵的儿子,并禁止后人对他采取任何措施。(让·盖劳德著,《里昂年代记》)

不过,蒙哥马利一度被幽禁在**圣保罗暗门**的塔楼里,即巴黎查理曼高中留存的那座塔楼。亨利二世和凯瑟琳·德·美第奇的儿子弗朗索瓦二世继位不久后便夭折,之后,他们的另一个儿子查理九世[①]继承了王位,但凯瑟琳·德·美第奇以儿子的名义统治着法国。她采取马基雅维利主义式的治国方针,开创了一个时代。亨利二世之死成了宗教战争[②](1562年—1598年)的导火索,堪称法国历史上最重大的事故之一。至于托内尔行宫,凯瑟琳·德·美第奇认为它太过晦气,下令将其拆除了。

后来,亨利四世颁布了《南特敕令》(1598年),结束了宗教战争。亨利四世为了重建满目疮痍的法国,提出了一个彰显王权的城市规划。其代表性建筑是新桥[③]以及三角形的王妃广场,桥中央屹立着一座亨利四世的骑马雕像。还有一处颇具代表性的建

[①] 又译夏尔九世。
[②] 又名胡格诺战争,法国内战暨民众骚动事件,内战双方为忠于圣座的天主教徒和胡格诺派教徒。——编注
[③] 前文已提及,虽名为"新桥",却是塞纳河上现存最古老的桥,位于西堤岛西侧,连接巴黎的左岸与右岸。——编注

筑，即建在晦气的托内尔行宫旧址上的皇家广场，这是充满几何美学的广场首次在巴黎诞生（法国大革命后更名为孚日广场）。《南特敕令》中规定："广场可作为市民散步的场所，以及重大节日之用，务必根据需要，物尽其用。"官方文件明确地规定了其作为公共场所的功能，也代表着亨利四世的城市重建规划顺利实施。广场周围的拱廊与简约优雅的建筑相结合，至今都会让造访者眼前一亮。陡峭的黑色屋顶、褐色的砖瓦，还有白垩石的建筑，让人心情舒畅。或许可以说，正是国王在比试中的意外身亡，才讽刺地成就了这个美丽的正方形广场。

探访哥白林家的乡间别墅

前面提到，穆浮塔地区的恶臭是由染布坊使用比耶夫尔河（Bièvre）的河水给布匹染色所致。"Bièvre"原意为 beaver（河狸），据说这种啮齿类动物曾经栖息在该河流的上游。俯瞰巴黎，如今的比耶夫尔河已经成了一条暗渠，却不难看出当年这条河的流向。在沿河的圣马塞尔地区，染坊和制革厂鳞次栉比，以棉织画[①]闻名的哥白林家族就是其中之一。

---

① 前文已提及，棉织画原文为ゴブラン織り，即"哥白林家族产出的织物"，后引申为手工编织挂毯的特定称呼。——编注

哥白林家族使用比耶夫尔河的水制作出了色调华丽的纺织品，家族由此兴盛。据说，他们在调制独门的特殊胭脂色上有一个秘诀，那就是染色之前必须浇上作为脱脂剂的氨水——即尿液。为了收集与众不同的尿液，车间里的工匠需要每天都按照一份特殊的食谱进餐。甚至有传闻说，死刑犯以生产尿液的劳动来换取免除死刑，还有拉丁区①的学生为了获得上等葡萄酒的奖品而努力制造尿液。

法国文艺复兴时期作家拉伯雷（约 1484—1553）在传闻的基础上加以润色，把哥白林家的染布神话归功于比耶夫尔河的河水中含有功效神奇的尿液。对于这种神奇功效的缘起，他讲述了这样一个故事（《巨人传》②，第 22 章）。主人公巴汝奇调戏贵族妇女时碰了钉子，企图报复。他把一只发情期母狗的子宫取了出来，调制成一种春药，洒在了那位贵族妇女的衣服上。结果，巴黎全城的公狗都拥了过来，追着她跑，朝她身上撒尿。故事的最后，得益于狗尿的神奇功效，"哥白林家族把布染成了漂亮的胭脂色"。

据说，哥白林家族不仅拥有宏伟的风车磨坊，在郊区还有一

---

① 巴黎五区和六区之间，是巴黎著名的学府区。
② 原名《高康大和庞大固埃》，后文中提到的庞大固埃（Pantagruel）为书中角色。——编注

第一章
三面城墙，三个时代

座豪宅。拉伯雷在他的作品中这样写道：

> 一天，庞大固埃想从学习中休息一下，朝着圣马塞尔郊外走去。他打算去看看哥白林家的乡间别墅①（la Folie Gobelin）。（《巨人传》，第2部，第15章）。

Folie 一词源自拉丁语的 folia（叶子），指巴黎资产阶级贵族在绿树茵茵的郊外建造的豪宅。18 世纪，在巴黎郊外拥有一所"雅致的别墅（即 folie）"成了一时的风潮。其中一例就是位于布洛涅②西边的巴葛蒂尔园，那里以英式庭园风格和种植着一年四季的时令花卉而备受欢迎。午餐时间，在树木环绕、看上去有点像轻井泽度假村酒店的餐厅里，气质优雅的女士们和先生们一边轻声交谈，一边享受美食，让人觉得自己仿佛走进了普鲁斯特小说中的世界。巴葛蒂尔园是阿图瓦伯爵（即后来的查理十世）建造的别墅，园里有一栋白垩石建造的公馆。另外，巴纽莱门附近也保留着一处黑屋顶配白垩石墙壁的精致别墅（位于巴纽莱路

---

① folie 法语原意为"疯狂"，建筑学上使用这个词源自 17 世纪的法国，表示奢华的娱乐性建筑，引申为游乐场。《巨人传》的傅雷及成玉婷译本均译为"游乐场"。这里根据下文内容，译为"乡间别墅"。
② 布洛涅（Boulogne），法国巴黎西郊一地区。

148号）。

一时间，贵族们竞相修建豪华新奇的乡间别墅。日本有一种名为**数寄屋**的建筑，亦指茶室风格的建筑样式，其风格颇具日本特色，简洁中不失细节，内含一股风雅韵味。与之类似，folie 也成了一种西方的建筑风格，只不过他们在 folie 中，似乎要么是与情妇相伴，要么是夜夜笙歌。不知不觉，folie 从原本风雅的绿荫变成了放浪形骸的代表。这种喧嚣的形象被 19 世纪的卡巴莱[1]继承下来，比如**疯狂沙龙大舞厅**（左拉的长篇小说《小酒店》中，娜娜离家出走后跳舞的地方）和**女神游乐厅**。如今，人们似乎已经忘记了 folie 原本是指绿树茵茵的别墅。

一个隆冬的下午，我决定去看一看《巨人传》中出现过的 folie。那里现在是一家霓虹灯公司[2]，我申请进去参观。一进门，正对着的就是哥白林家的别墅。那是一座看上去很坚固的四层小楼，外观与 18 世纪追求的那种典雅别致非常不同。它建于 15 世纪末至 16 世纪初，无疑是巴黎最古老的建筑之一。塔楼旁边好像还有一个钟楼，据说钟楼里面保留着完整的螺旋式楼梯。我又绕到另一边，看了看小楼的后身。这栋破旧的老房子只有正面经过了修缮，小说中，庞大固埃特意去看的 folie 现在已经半埋在

---

[1]　卡巴莱（Cabaret），指比较低级的带歌舞表演的餐馆或夜总会。
[2]　即哥白林路 17 号，法国霓虹灯公司（Compagnie française du néon）。

瓦砾之中，玻璃窗用纸封了起来。哥白林家的别墅看似失去了容身之处，茫然无措地暴露在冬日的晴空下，分外寂寥。等你修缮好了，我会再来的，我喃喃自语着离开了。据说，巴黎市目前正在筹划重修比耶夫尔河，暗渠很快会被拆除，河流会重新流淌。哥白林家正是因为比耶夫尔河的神奇功效而繁荣一时，我由衷地盼望着哥白林家的别墅得到修缮并向公众开放的那一天早日到来。

被认为是哥白林家别墅的建筑

寻找少女风车磨坊

让我们再次翻开《巴塞尔巴黎地图》，俯瞰中世纪末至文艺复兴时期的巴黎。眺望城墙之外，我惊讶地发现城外有很多风车磨坊。据我的粗略统计，在这份地图上，至少有12座风车磨坊从山顶俯瞰着巴黎市区。

我们走进古地图，穿过圣奥诺雷门，到城外看一看。城外的这条路名为圣奥诺雷市郊路（Rue du Faubourg Saint-Honoré）。Faubourg一词的拉丁语词源是foris（某场所的外面）和burgus（城镇），意味着这里是城外。如今高档时装店林立的圣奥诺雷街区，此时还不过是城门外一个任凭风吹雨淋的空旷郊区，据说时不时还有饿狼出没，袭击行人。圣奥诺雷门的位置大约在现在的法兰西喜剧院和巴黎皇家宫殿附近，可见从前的巴黎真的是一个非常紧凑的小城市。

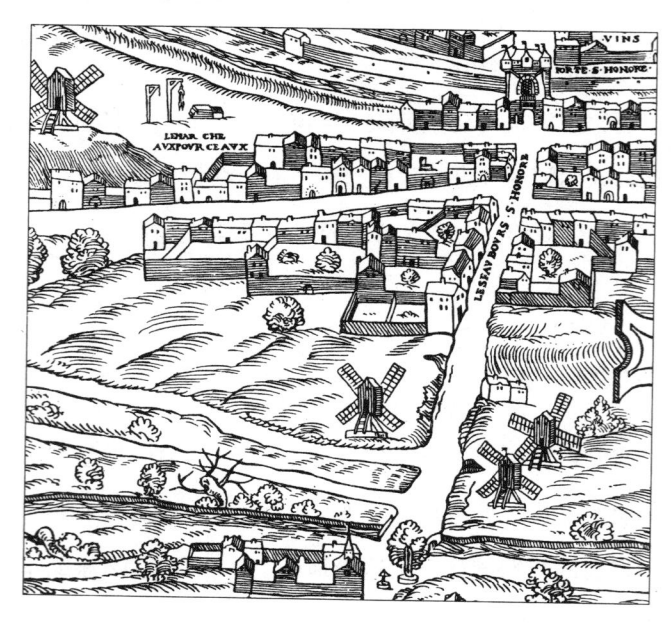

圣奥诺雷门、绞首架（左上）、为数众多的风车磨坊、鲁莱医院（下）（摘自《巴塞尔巴黎地图》）

第一章
三面城墙，三个时代

　　走出城门，迎接我们这些时空旅行者的是一片风车磨坊。据相关书籍介绍，一切始于查理五世统治时期。修建护城河挖出的难以处理的废土被堆了起来，并在上面建造了风车。当然，现在的巴黎市中心早已看不见那些土堆，只剩下歌剧院大街旁一条名叫**风车磨坊路**的岔路。在《巴塞尔巴黎地图》上，风车磨坊前面的绞首架上竟然挂着一个绞刑犯。又有饿狼出没又有绞首架，从前的歌剧院街区真是一个可怕的地方。总之，说起过去的巴黎郊区——其实也不限于巴黎——说起过去任何一座城市的郊区风景，人们首先会想到的就是风车磨坊和绞首架，其次就是罹患（有时是被误认为罹患）传染性疾病患者的隔离病房。圣奥诺雷门外标有"LE ROULE"字样的建筑就是其中之一。中世纪时，这里用以安置麻风病患者，后来又被用来安置鼠疫感染者（位于现鲁莱圣斐理伯教堂附近）。

　　接下来，我们从巴黎南部的圣雅克门出发，去圣雅克街区看一看。朝前走一点，然后左转，就能看到一个大大的风车磨坊。这座大型风车建在一片坚实的台地上，气势恢宏。只看这里的话，俨然是荷兰的低地围垦区。"LES MOULINS DES GOBELINS（哥白林家的风车磨坊）"的标识是复数形式，可见更前方曾坐落着的一片风车磨坊，过去都属于哥白林家族。该地区位于穆浮塔街的尽头之外，即19世纪巴尔扎克说的"流淌着黑色浊流的盆地"(《高老头》)。建造风车磨坊势必需要大量填土①，不过，想到古地图为了强行把重要地点都收进地图而压缩边缘的传统做法，这些风车磨坊的实际位置可能是在离城区更远的地方。

到了19世纪，用于磨制小麦的风车磨坊和水车被蒸汽机替代，巴黎周围渐渐找不到风车和水车的身影了。有一些风车磨坊被改造成了廉价食堂或是称为 guinguette 的舞厅，蒙马特高地上的**煎饼磨坊**以及**红磨坊**正是这样的经典例子。雷诺阿、罗特列克和梵高都曾以它们为主题来作画，这里往往也是巴黎观光路线的组成部分，在此不加赘述。我想特别指出的是，长篇小说《小酒店》以相邻蒙马特高地东边的小教堂街区为背景，文中多次出现了蒙马特高地的风车磨坊。小说中，古波和绮尔维丝举行婚宴的地点是**银磨坊酒店**，"在院子里的三棵槐树下，他们喝酒跳舞"。郎第耶还和古波一起去了煎饼磨坊，他们在那里吃了炒兔肉，郎第耶还把在煎饼磨坊遇到的一个女人带进了灌木丛中厮混。

就这样，巴黎周围数不清的风车磨坊消失了，而有关它们的记忆却被烙印在了街道的名称里。"漂亮风车磨坊路""绿色风车磨坊路"，还有"少女风车磨坊路"，等等，每一座风车磨坊的模样都仿佛历历在目。

---

① 指在低洼地面堆土以抬高地势。——编注

第一章

三面城墙，三个时代

在巴黎，除了蒙马特高地之外的地方，会不会有风车磨坊被保留了下来呢？当然有。前往隆尚赛马场，绕过第一个弯道，一座宏伟的风车便映入眼帘。过去，这里是修道院，风车可能曾用于修道院磨面粉。另外，位于巴黎南边伊夫里门外的巨大风车同样值得一看。（离它最近的地铁站是 7 号线的皮埃尔居里站①。）

下面这张照片拍的又是哪里呢？蔚蓝的天空下，矗立着一座只剩主体的风车磨坊遗迹，一见几乎会令人误认为是法国南部的风景。虽然翼板已灭失，但这伟岸的身姿无疑是巴黎留存的另一座风车磨坊，坐落于蒙帕纳斯公墓这一出乎意料的地理位置。这座风车被称为"慈善风车磨坊"，最近刚刚翻修，面貌焕然一新。从名字可以看出，它原本属于明爱会，其历史可以追溯至 16 世纪末。17 世纪中叶，明爱会买下了这

慈善风车磨坊

---

① 现称"居里夫妇站（Pierre et Marie Curie）"。

座风车旁边的土地，修建了公墓，即蒙帕纳斯公墓的前身。

过去的蒙帕纳斯有很多风车磨坊，它们在道路的名称中留下了印记，比如"少女风车磨坊路"和"黄油风车磨坊路"等。尤其是少女风车磨坊，这个名字不禁激发出我的想象力。操作这个风车磨坊的必须是少女吗？又或者这个名字像**处女油**得名于制油的**第一道压榨工序**？我带着这样的猜测，来到少女风车磨坊路上四处寻找，可惜没能找到风车磨坊的踪影。可能是我看漏了什么吧。让人意外的是，附近达盖尔路上的风车磨坊保留着它往日的

面包店"少女风车磨坊"（达盖尔路），此类店铺中往往能与田园牧歌式的风车风景画不期而遇。

第一章
三面城墙，三个时代

丰姿。在这条商业街上，有一家名为少女风车磨坊的面包店，店内墙面上绘着一幅风车磨坊图。法国面包店里常装饰着风车磨坊之类景致的田园风景画，和日本公共澡堂里常见的富士山壁画一样。于是我私自认定，这就是少女风车磨坊从前的样子。什么？你说我还没弄清这里的少女指的是什么？非也非也，我何必庸人自扰，没有什么比得上沉浸在风车磨坊的画中更让人快乐的了。

入市税征收处存在的时代

100 升葡萄酒，25 法郎

请看下表中 19 世纪上半叶的统计数据，为了便于理解，我们姑且把这里的 1 法郎按 1000 日元换算。那么，这些数字能告诉我们什么呢？

表 1　19 世纪上半叶的巴黎入市税示例

葡萄酒 100 升	24.92 法郎
白兰地类 100 升	73.50 法郎
啤酒 100 升	3.76 法郎
牛肉 100 公斤	8.84 法郎
普通鱼类 100 公斤	14.10 法郎

第一章 三面城墙，三个时代

续表

松露、野禽类 100 公斤	117.5 法郎
黄油 100 公斤	9.40 法郎
鸡蛋 100 公斤	2.35 法郎
柴火 1 立方米	2.49 法郎
水泥板 1000 块	4.70 法郎
瓦 1000 片	7.05 法郎
食盐 100 公斤	4.70 法郎

表中所示的是生活必需品的价格吗？不不，再怎么说，100公斤鸡蛋只要2000日元左右也太便宜了。1公斤松露也不过1法郎多一点，实在有负世界三大珍肴之一的盛名。

表中的金额可以理解为如今我们所说的消费税（间接税）。过去，巴黎城门处设有入市税征收处[①]，表中标明的税款便由他们负责征收。下面这幅插图（1739年）是酒税相关条例的印刷品中的附图，笔触相当有年代感。图中，马车和船只运来了酒桶之类的货物，左边的画舫[②]可不是供人纳凉消遣的，而是在监控有无走私货物。夜间，塞纳河上会拉起锁链，禁止船只进出，防止走

---

① 又称"城关税卡"。——编注
② 原文为"屋形船"，即设有带顶房间的船只。——编注

摘自酒税条例（1739 年）

私。当时走私猖獗，各类手法层出不穷。据说，有一家酒馆在城门下面挖了一条地道，用一根长达 70 米的管道直接把葡萄酒输送到酒馆的酒桶里，实在让人惊掉下巴。这是梅尔西埃[①]（参见《巴黎图景》）记述的一则逸闻，根据他的记载，这家酒馆被处以罚款 6000 法郎。

图中站在船头的官员肩上扛着的当然也不是锄头，而是一把鸟嘴铳。从船上卸下来的酒桶似乎正由官员做上标记，运货的马车穿过气派的大门进入巴黎市内。不过，马车需要先在征收处支付货物的入市税，而后方可进入。无论是城门口，还是征收处的屋顶上，都有象征着法国皇室的"三朵百合"徽章，在阳光的映

[①] 梅尔西埃（Louis-Sébastien Mercier, 1740—1814），法国剧作家、戏剧理论家。后文提到的《巴黎图景》（*Tableau de Paris*）是他的散文集，又译《巴黎景象》。

第一章
三面城墙，三个时代

照下绚烂夺目。

在法国旧制度时期①，我们现在所说的间接税是由**包税人**代为征收的。他们向法国国王预付一定金额的税款，以承包税款的征收工作。各种各样的生活必需品都是入市税的征税对象，比如香烟、葡萄酒等，肉类更是不用说。对酒馆征收的营业税一再调高，百姓苦酒税久矣。于是，法国各地爆发了针对税收制度的抗议，有时还会演变成民众起义。他们讨伐的对象是榨取他们血汗钱的包税人。比如，被誉为法国罗宾汉的路易·曼德林（1724—1755），因为包税制的迫害，他的整个家族都背负起了悲惨的命运，故而曼德林选择了犯罪者之路，袭击了入税款征收处。他还走私烟草并低价出售。虽然曼德林年纪轻轻就被处决了，但民众却视他为侠盗，曼德林的故事也通过一种被称为"蓝皮丛书"的流行文学刊物流传下来。这一时期，税收负担极其不均衡，人们对包税人无比憎恶。

事实上，入市税的征收并非始于这一朝一夕，而是由来已久。一直以来，商人和农民将农产品、酒类等消费品带入欧洲的城市时都会被征税。要是仔细检查每一样物品，计数、称重之后再计算税额的话，城门口势必会大排长龙。所以，实际操作中按

---

① 法国的旧制度时期（Ancien régime）一般指法国资产阶级革命以前的一段时期，从文艺复兴末期开始，至1789年法国大革命止。

照目测的分量来征收税款。此处以16世纪的里昂为例，有一个非常充分的理由：法语中的"海关"一词——来自阿拉伯语或土耳其语——最早就是在里昂开始使用的。税额通常按单位计算，实际称重是极其特殊的例子。牛马拉的货车以"一车"为单位，若是翻山越岭而来的骡子商队，一头骡子担的货物则为"一包"，然后乘以一个因商品不同而调整的系数来确定税额。国王下令筹措军费时，系数会相应增高。经历了这个古老又美好，却也稀里糊涂的时代，世道变得越发艰难，商品需要按照其实际的重量和体积来收取税款了。

包税人城墙

16世纪之后，巴黎迅猛发展，以至于新城墙的建设甚至追不上城市扩张的速度，城市内外的界限变得非常模糊。城门外，开在看起来像军营一样的税款征收处眼皮子底下的酒馆，如同故意炫耀一般，大肆出售着不需要缴税的便宜酒水。1783年，总揽征税事务的包税人打算整顿入市税的征收工作，他们向国王提出申请，获准在巴黎周围修建城墙。很快，全长24千米的城墙建了起来，蒙马特高地和贝尔维尔等地区正式被划入征税范围。这正是法国大革命前夕发生的事。这道城墙被称为"包税人城墙"，

第一章
三面城墙，三个时代

是第一道不直接以军事为目的修建的城墙。城墙内侧设有一条12米宽的巡逻通道，而城墙外侧修建了一条60米宽的林荫大道。另外，因为城墙外侧的100米之内禁止建造住房，所以从空中俯瞰当时的巴黎，一定可以清晰地看到一个巨大的圆圈。

腓力二世·奥古斯都城墙所围出来的巴黎面积约为2.7平方公里，14世纪末，查理五世时期的巴黎也不过只有4.4平方公里。然而18世纪，巨大的巴黎已经诞生，其面积达到了33.7平方公里，据说此时的巴黎总人口约有60万。

包括塞纳河上的两个征收处，包税人城墙上共设有60个入市税征收处。城门和征收处大楼由深受国王信赖的建筑师克劳德·尼古拉斯·勒杜（1736—1806）设计建造，这位设计师以设计了法国东部贝桑松地区以南的皇家盐场①（世界文化遗产）而闻名。尽管如此，征收处大楼还是遭到了梅尔西埃的苛刻点评，说这栋大楼"笨重、带刺、不祥"，他还这样讽刺征税的情形：

> 城门处身穿长礼服的入市税征收处官员，领着最多不超过100比索（=1000法郎）的薪水，整日把眼睛瞪得像铜盘，

---

① 即阿尔克-塞南皇家盐场。

从不离开岗位半步，连一只老鼠也不会放过去。这样的人会出现在每一辆马车车厢门口，他会突然拉开门问你："你没有带什么违背国王命令的东西吧？"这时，你必须回答："请您过目。"永远不要给出其他回答。……只有皇室和大臣的马车可以直接通过……而税务署长官和包税人自己也必须接受临检。（梅尔西埃，《巴黎图景》）

不分情况，商人每次进入巴黎城内都要接受征收处的检查，其麻烦程度可以想象。梅尔西埃还分析说，这种苛敛诛求实际上造成了消费停滞和经济减速。巴黎民众再也不能像从前那样悠闲地去郊外的小酒馆喝酒跳舞了。人们把巴黎比作监狱，还借助回文来表达不满："垣包篱笆让巴黎抱怨（Le mur murant Paris rend Paris Murmurant）"[1]。不久后，法国大革命废除了包税人制度。在恐怖统治时期[2]，以前的包税人一律遭到逮捕——包括著名化学家拉瓦锡等人——被送上了断头台。尽管如此，革命政府由于囊中羞涩，于共和七年葡月[3]，简单来说就是1798年10月恢

---

[1] 原文直译为"桎梏巴黎的围墙让巴黎人民怨声载道"。
[2] 指1793年至1794年，是法国大革命期间的一段恐怖时期，国家批准暴力和大规模处决。
[3] 共和历，亦称法国大革命历法，在法国大革命时期所采用。葡月是法国共和历的第一个月。它一般对应于公历的9月22日至10月21日。

第一章
三面城墙，三个时代

复了入市税。就这样，直至1860年，巴黎从12区扩展到了现在的20区，**包税人城墙**始终是巴黎市的边界线。

不分昼夜地盯着巴黎各处的大门和港口，想必不是一件轻松的差事，人工成本应该会很高。不过，事实似乎并非如此。根据阿歇特出版集团的《蓝宝书》（1863年版）记载，1857年度的统计数据显示，征收处市税共计约4700万法郎，而产生的费用仅为2700万法郎。后文将提到的画家亨利·卢梭，就任职于入市税征收系统。

19世纪末，"好酒"，即葡萄酒的税额被大幅削减。然而，入市税却一直留存至第二次世界大战之后，让人非常惊讶。我不知道那些坐火车来巴黎兜售商品的人是否也要接受检查，如果是，就跟从千叶到东京的挑货阿姨也要一一接受审问差不多。在交通和通信手段迅速发展的时代里，入市税本身已经失去了存在的合理性。因此，自1949年1月1日起，这种间接税被正式废除，取而代之的是增值税（TVA①）。与日本的消费税一律为5%（2020年调高为10%）的粗放制度不同，法国的规定非常详细，对皮草、珠宝以及色情电影都征收高额增值税，而书籍的税率相对较低。

---

① 即 Added Value Tax。——编注

留存至今的圆厅城关

随着巴黎城市规模的不断扩大，沦为大型废弃物的包税人城墙终于被拆除了。那么，前面提到的俯瞰巴黎时能看到的大圆圈怎么样了呢？它成了一条宽阔的大道。举例而言，蒙梭公园征收处旧址的圆厅城关前，即现在的库尔赛乐大道。从那里一直往东走，这条**城外大道**依次化身为"巴蒂尼奥勒大道""克利希大道""玛格丽特德罗什舒阿尔大道"和"拉夏佩尔大道"，直至拉维莱特的圆厅城关，形成了一条环绕巴黎的宽阔大道。地铁（2号线和6号线）落成后，虽说是地铁，却有很多在地上的部分①，正是因为它们沿着城墙遗址修建。如果想找到旧城墙附近的遗迹，可以沿着地铁2号线和6号线转一圈。我曾花了3天的时间，沿着这条全长达24公里的城墙遗迹走了一圈。在这个过程中，我在一间看起来犹如往昔旅笼般的破房子上，发现了像是包税人城墙遗迹的墙壁，颇为有趣。

顺便一提，勒杜设计的圆厅城关仍在4个地点留存着。位于蒙梭公园的圆厅城关是一处，现在成了办公室和卫生间。位于民

---

① 日文中，地铁被称为"地下铁"，与此相对，作者才说巴黎地铁2号线和6号线有"地上的部分"。——编注

第一章
三面城墙，三个时代

蒙梭公园的入市税征收处（圆厅城关，库尔赛乐大道与地铁 2 号线蒙梭站出口）

族广场西侧的两栋小楼即圆厅城关，是另一处。作为示威游行活动的起点而闻名的这一开阔空间中，圆厅城关被保留了下来，现在小楼里面仍然有人居住，但我不清楚住在里面的人从事着什么工作。位于丹费尔罗什洛广场东西两侧的两栋建筑也是圆厅城关旧址，其中一座建筑旁边是地下墓穴的入口，另一栋建筑旁边是以设计师名字命名的勒杜街心公园。

最后一处是拉维莱特的圆厅城关。前往著名的旅游景点圣马丁运河时，可以顺便去拉维莱特码头看一看，那里也是运河观光船的终点站。从拉维莱特码头始，河畔变得非常开阔，让我感觉仿佛回到了东京湾。在这里可以看到米色的圆厅城关建筑。阿杰特也曾拍下了这里的照片，对比照片和现在，可以看出此处已经翻修过了。时不时地，旁边有地铁2号线的蓝色车厢经过。请大家留意看一看附近长长的外墙，上面刻满了过去那些**征收处**的名字，让我学到不少。拉维莱特的圆厅城关前面时常会有马戏团表演。

近年来，这一带的河滨区域不断得到建设，本次前去，我发现岸边建起了一座电影院，电影院两侧的咖啡馆都相当不错。面向电影院而立，右手边有一家沙龙式的咖啡馆——"相逢在码

拉维莱特的圆厅城关（前面是马戏团的帐篷，后面有地铁2号线经过）

第一章
三面城墙，三个时代

头"。它作为小酒馆也颇有名气，晚上非常热闹。据说，这里有很多电影人会来，而且店里的酒单是法国大导演克劳德·夏布洛尔亲自选定的。不过我更喜欢前面的 K 餐厅，其店名可能取自"quai"（码头）一词的谐音。这是一家风格粗犷的咖啡馆，店内使用长桌和长椅，夏天或者阳光温暖的日子，可以到露台上去晒晒太阳，远远地望着运河上悠然自得的垂钓者，放空自己。放空放倦了，就拿起手边的书读上几页，然后继续眺望对岸。"船上歌剧院"（Péniche Opéra，Péniche 意为"平底船"）的船停在水面上。在东京，我总是匆匆忙忙的，无法像这样享受时间的流逝。一边听着水鸟的叫声，一边享受着超便宜的浓缩咖啡，这里

拉维莱特河畔的电影院（对岸是"船上歌剧院"）

真的是一个很棒的地方。在东京,这样的地方肯定会被精力旺盛的年轻人占据,但在巴黎就不会,这也让我很开心。这家咖啡馆里,随处都是阅读或写作的人。

对岸的**船上歌剧院**,停泊着的船上演着歌剧,它能容纳的观众人数不过 100 人左右。我和一位住在巴黎的朋友一起去看了由井上靖的短篇小说《猎枪》改编的歌剧首演,后来一问才知道,井上靖的这部小说很早以前就被译成了法文,在法国非常有名。能够欣赏至近距离欣赏歌舞的船上歌剧院,着实别有风情。

城墙上的亨利·卢梭

包税人城墙虽然存在,但其修建目的不过是为了方便征税,早有声音要求政府修建一道更加完备的城墙,以防备普鲁士的入侵。七月王朝①(1830 年—1848 年)时期,梯也尔政府为了保卫巴黎,修建了一道新的城墙。城墙全长约 35 千米,呈椭圆形,将巴黎整个围了起来。城墙厚度达 140 米,十分惊人。前文多次提到,巴黎的城市规模在 1860 年进一步扩张,从那时至今,这道**梯也尔城墙**便一直是巴黎城区的边界线。护城河外的 250 米内

---

① 亦称奥尔良王朝。

被划为禁建区，俗称**禁区**。然而没过多久，这里就排列起了大片属于拾荒者和贫民等**危险阶层**的临时棚屋，这片城外郊区也渐渐成了贫民区。这种既不属于城市也不属于乡村的暧昧又沉闷的空间，经常出现在阿杰特拍摄的照片中。

当然，入市税的征收也改在新城墙的门前进行。在那里工作的不是别人，正是原始派绘画①的代表人物亨利·卢梭（1844—1910）。他常被称为"海关职员卢梭"，很容易让人误解他是在边境工作，实际上他是巴黎的入市税征收员。

1871年至1893年，卢梭有时守在城门口征收处市税，有时负责监控偷偷走私货物的不法商贩。当时，像卢梭这样的入市税征收员在巴黎多达2500人，入市税竟然占了巴黎税收总额的六成。

不知道卢梭是不是每天都反复说着"好的，瓦片1000块，请付X法郎"之类的话，总之，他在那里工作了20多年。卢梭与城墙的渊源颇深，他出生在法国西北部的拉瓦勒市，他老家的房子就是由城墙改建而成。

下面，让我们来看看卢梭创作的一幅小风景画，名为《入市税征收处》。画中满是卢梭喜爱的元素，比如倾斜的小路、成排

---

① 又称稚拙派，特指20世纪初以法国巴黎为中心、以亨利·卢梭为代表的美术家群创造的艺术流派。

的树木，还有远处的烟囱。画集中介绍，这是位于巴黎南部的旺午门，就是那个城门外有**跳蚤市场**的地方。这幅画成为画家卢梭曾在这一带的城门工作过的一个证据。但是在旺午门的另一边，可看不到这样的丘陵。田园画《入市税征收处》也和其他画作一样，经过了卢梭的一流加工处理。梅尔西埃描述过身穿长礼服、薪水微薄的征税员，"整日把眼睛瞪得像铜盘，从不离开岗位半步"，我们这位亨利先生是不是也曾用锐利的目光监视着城门口

卢梭《入市税征收处》（1890年前后，收藏于伦敦考陶尔德艺术学院）

第一章
三面城墙，三个时代

的一举一动呢？不，我不这么认为。作为论资排辈的公务员，据说他是在快要退休时，才终于（象征性地？）升了职。可见，他肯定是一个不合格的看门人，很可能是一个坐冷板凳的"窗边族①"。他一定和画中的这个背影一样，虽然守在城墙上，但视线茫然地眺望着眼前的风景，思绪则飘荡在遥远的梦想世界里。

据说，征收处的工作非常辛苦，每隔一天就要值班24小时。他的上司认为这不便于卢梭创作，于是把他调离了需要站岗的岗位，给他安排了一个在塞纳河岸边巡逻的工作。他真是一位心地善良的上司。卢梭负责的区域包括欧特伊码头、托内尔桥和格勒纳勒桥的岸边。他在这一时期创作的《夜间从圣尼古拉斯港口看圣路易岛》，后来成了日本东京世田谷美术馆的镇馆之宝，非常值得一看。圣尼古拉斯港指的是卢浮宫博物馆附近的河岸（现卢浮宫港口）。走过画中这座桥就是西堤岛，三角形的王妃广场被画家用一丛树木替代了。在画面的后景中，可以看到圣礼拜教堂和巴黎圣母院的塔楼。这样看来，画中的这座桥很可能是新桥，但是画中这座铁桥造型简洁，又像是行人专用的艺术桥。看来我们的画家对此处进行了艺术加工。他画在月亮左下方的，应该是圣路易岛上的建筑吧。有趣的是，这个建筑被他移到了很靠前的

---

① 源自日语"窓際族（まどぎわぞく）"，指在职场内不受重用的职员。

位置，几乎与西堤岛平行。

　　卢梭描绘了一位在月光下沿着塞纳河畔巡视的职员。那个站在路中间、微微低着头的人在想什么呢？他是不是想用右手拿起画笔来代替腰间的佩剑呢？他那长长的影子，看上去有着说不出的孤寂。画面近景中还有一个坐着发呆的人，身形被货物遮挡住了。我想，这幅画可以算是卢梭的自画像，是他讨厌这份工作、想要逃离的心情写照。仔细想来，不论是酷似仪仗队队员的征收处官员，还是像卓别林一样戴着帽子、拄着拐杖的男人，或者垂钓的男人，卢梭喜欢描绘的男人形象都差不多。

【专栏】
路易·塞巴斯蒂安·梅尔西埃
《巴黎图景》(1781年—1788年)

全12卷的巨著。先驱式报告文学,事无巨细地记述了法国大革命前夕巴黎的风貌和世俗百态。全书由1000多个独立的章节构成,读者可以从书的任何部分开始阅读。前后章节没有衔接,也有很多跑题的地方。作者自己写道:"在城墙之内的城市中,我看到更多的不是体面和舒适的生活,而是让我想立马把眼神错开的穷困,曾经被认为是巴黎人特质的开朗和活泼也不见了……"不过作者的笔触并不阴郁。大革命爆发后,他还出版了续篇《新巴黎》(1798年)。以这本书为契机,后来涌现了一系列关于巴黎社会的观察报告,这些报告统称《巴黎图景》。泰克西埃所著,全两卷的《巴黎图景》(1851年—1852年)也是其中之一。

另外，梅尔西埃所著《巴黎图景》的日文译本有 1989 年岩波书店出版的《十八世纪巴黎生活志》，是分为上下两册的文库本。不过，该译本仅选译了原书的五分之一。

第二章

拱廊街漫步

传颂之物

舒瓦瑟尔小巷的古老芳香

  我非常喜欢那种长长的、带有拱形玻璃屋顶的拱廊商店街。我是土生土长的东京人,基本上一直生活在世田谷区①,几乎与拱廊商店街无缘。所以,无论是三轩茶屋,还是中野百老汇,又或者是京都的新京极,我只要走进拱廊商店街,就会莫名地感到兴奋。我想,我喜欢的大概是那种略带复古的氛围。刚刚当上老师的时候,我在冈山市工作,拱廊街随处可见,街上还行驶着有轨电车,着实可喜。我尤为中意冈山市车站西边略显萧条的拱廊街,常去散步,那条街犹如一张泛黄的旧照片,仿佛穿越回了从

---

① 世田谷区是东京市内一区,以居住环境良好的住宅区而闻名,是东京的富人区,没有下文提到的中野百老汇等平民商店街。

前的时光，使人愉快。

在欧洲，意大利米兰的埃马努埃莱二世长廊十分奢华，法国南特的波默海耶拱廊街也很不错。但要说欧洲拱廊街的源头，还得看巴黎。巴黎的拱廊街大多建于19世纪上半叶，有一些拱廊街经过翻修，努力想要跟上时代的脚步，但拱廊街的魅力恰恰在于那种过时的、时间停滞的氛围。接下来，我打算去看一看巴黎的这些小路。

先从舒瓦瑟尔拱廊街开始。它位于法国国家图书馆黎塞留馆附近，在巴黎读书的留学生都很熟悉这里。舒瓦瑟尔拱廊街不像离这不远的薇薇安拱廊街那么豪华，只是一条很普通的、没什么特色的南北向通道。现在，这里有很多出售中餐熟食的外带式餐厅。

舒瓦瑟尔拱廊街于1827年建成，连接着当时两个主要的闹市区，巴黎皇家宫殿和林荫大道区（指查理五世城墙遗址上形成的环状林荫大道，包括从圣玛德莱娜教堂至巴士底广场的区域）。这条拱廊街从建成之初就非常繁华，至今仍坐落着诸多戏院和银行。我每次来到这里，都会想起一封信的开头。

亲爱的先生，我们这些年轻人正处于一个爱意喷涌的时期。我今年17岁，正是充满希望和幻想的年纪……现在，

第二章
拱廊街漫步

> 我想要讲一讲我坚定的信念、心中的种种希冀,还有我感受到的一切,这些也是一个诗人会感兴趣的全部——我愿称之为青春。(1870 年 5 月 24 日)

这是阿蒂尔·兰波(1854—1891)写给高蹈派①诗人庞维勒的一封信。这位少年来自法国沙勒维尔,与比利时相邻(今沙勒维尔 - 梅济耶尔市)。当时,他对法国的首都巴黎还一无所知。这封信是这位 17 岁少年的自我介绍。他曾在诗中写道:"我们会恋爱。当我们年方十七,没有人认真。"(《小说》②)确实,对少年阿蒂尔来说,17 岁是一个重要的转折点。似乎不论哪个时代,17 岁对男性来说都是一个重要且危险的年纪。事实上,阿蒂尔·兰波当时甚至还不满 16 岁,可他却说自己已经 17 岁了。兰波拼命地推销着自己,他说自己不仅正值青春,而且拥有总结青春的资格。

这封写给庞维勒的信,寄到了《现代高蹈诗集》杂志的出版方阿尔方斯·勒梅尔书店代收。勒梅尔书店是当时梦想着成为诗人、梦想着一炮而红的年轻人心中的圣地。这家书店位于舒瓦瑟

---

① 高蹈派(Parnasse),又译高踏派,是 19 世纪法国诗的一种文学样式,介于实证主义时代、浪漫主义和象征主义之间。
② 法语原题为 Roman。此处引用的原诗第一句 "On n'est pas sérieux, quand on a dix-sept ans" 尤为知名,以至于有时被误当成本诗标题。

舒瓦瑟尔拱廊街（勒梅尔书店在街道左侧）

尔拱廊街47号。每天晚上，知名或不知名的诗人聚集在勒梅尔书店的跃层，高谈阔论各种各样的文学话题，所以也被称为"高蹈派的跃层"。

少年阿蒂尔生活在法国北部的小乡村，他贪婪地阅读着勒梅尔出版的系列杂志《现代高蹈诗集》。他认为，想要成为一流的诗人，必须先蓄起长发。这种心态跟现在立志成为音乐人的年轻人差不多。

保尔·魏尔伦（1844—1896），后来与兰波有着诸多爱恨纠葛的"被诅咒的诗人"，也在勒梅尔书店出版了一系列诗集，包括处女作诗集《忧郁诗篇》,以及后来相继出版的《英勇的派对》《好歌》等。乡下的书店里,兰波想读的书难以觅得,但他还是费尽心思地找到这些书来阅读。其实,兰波已经积累了一些发表作品,他迫切希望在《现代高蹈诗集》上刊登自己的作品。

于是,他向位于舒瓦瑟尔拱廊街的高蹈派圣地寄去了3篇诗稿,并附信说:"我的诗里有信念、有爱、有希望。……先生,请您稍微帮帮我。我还年轻。烦请施以援手。"他的3篇投稿,就包含下面这首著名的诗——《感觉》,诗人以天真无邪的口吻,唱出了一首青春之歌。

> 夏日蓝色的傍晚,我将踏上小径,
> 拨开尖尖麦芒,穿越青青草地;
> 梦想家,我从脚底感受到梦的清新。
> 我的光头上,凉风习习。
> 什么也不说,什么也不想,
> 无尽的爱却涌入我的灵魂,
> 我将远去,到很远的地方,就像波希米亚人,
> 与自然相伴——快乐得如同身边有位女郎[①]。

[①] 译文引自王以培译《兰波作品全集》(东方出版社,2000年)。

然而，不知是因为错过了投稿的截止日期，还是因为庞维勒不欣赏兰波的作品，这3首诗都没有被《现代高蹈诗集》采用。如今，勒梅尔书店早已不复存在。虽然称不上是替代，不过拱廊街北侧开了一家名叫"Libria"（意为小书店）的旧书店，它旁边那家文具店一看就已经经营了多年。

1870年8月末，兰波乘火车来到巴黎，他想去舒瓦瑟尔拱廊街。然而，从巴黎北站出站时，他因无票乘车被逮捕，锒铛入狱，被他的老师伊桑巴尔接了回来。第二年，他再次离家出走，口中吟唱着"我的旅社在大熊座"（兰波的诗《我的波希米亚》中的一句），沿途风餐露宿，竟然一路徒步走到了巴黎。这次，他显然是直奔勒梅尔书店而来，还在写给德莫尼老师的信中提到了他在书店看到的新出版的书。虽然这次兰波待的时间不长，很快回了家，但不久后，他写信给一直很崇拜的魏尔伦求助，他在信中说："我有志写出一篇伟大的诗歌，但这在沙勒维尔无法实现。我囊中羞涩，没有办法前往巴黎。"这封"保罗·魏尔伦先生敬启"的信，同样是寄给"勒梅尔书店代收"。后来的故事尽人皆知。魏尔伦读了随信寄来的诗篇后，惊为天人，回信说："马上过来吧，我亲爱的伟大的灵魂。"魏尔伦还把从波希米亚人[①]那里

[①] 法国人特有的误读，其实可能不是波希米亚人，而是罗姆人。兰波诗文中出现的情况也是如此。

筹集到的资金寄给了兰波。让这二人结缘的，正是位于舒瓦瑟尔拱廊街的勒梅尔书店。至今，兰波的幻影恍若仍然站在这条拱廊街的中央，披散着的长发从帽檐下面露出来，他穿着破破烂烂的裤子，嘴里叼着一个烟斗。

后来，魏尔伦晚年曾深情地回忆起这条拱廊街，他吟诗道：

> 舒瓦瑟尔小巷的古老芳香啊！
> 卖橘子、稀有的羊皮纸和手套的姑娘们啊！
> 从 67 年到 70 年的
> 我们的"首秀"啊，直情径行的美德啊！
> 现在都何方？ ①

游艺剧院的后台门口

从舒瓦瑟尔拱廊街北边走出来，向右转，沿着**老证券交易所**② 旁边的薇薇安拱廊街向前，进入全景拱廊街。我每次来到这里，总是直奔街上的小岔路——游艺画廊街。

---

① 《致弗朗索瓦·科佩》（À François Coppée）。
② 位于布隆尼亚宫（Palais Brongniart），巴黎证券交易所（Euronext Paris）的前身。

这里正是剧院的走廊同圣马可走廊接界的地方，是一个鬼头鬼脑的角落，全是些蹩脚的店铺，一家没有主顾的鞋店，几家家具店，里面的家具蒙了厚厚一层灰尘，还有一间烟雾腾腾使人昏昏欲睡的图书阅览室，里面的灯泡罩着灯套，整个晚上这些灯就放射着绿色的亮光。①（左拉著，《娜娜》）

米法伯爵就站在这里，等待他心爱的舞女娜娜出现。娜娜登台演出的游艺剧院可以容纳1240人，在剧院后台的门口，衣着光鲜的绅士们耐心地等待他们心爱的舞女。但是姑娘们厌倦了这种追逐，有时她们会故意从正门离开，避开这些狂热的追求者，并期待着与自己的真命天子邂逅。所以，米法伯爵此时难掩焦躁。

我既没在游艺剧院看过演出，也没有偏爱的女演员。我站在这个角落里，试着代入米法伯爵的视角，周围的样子和1881年版《娜娜》的插图几乎没什么不同，写着"游艺剧院。办公室。后台门口。"的牌子，也和法兰西第二帝国时期（1852年—1870年）大致相同。米法伯爵注意到旁边一位金发碧眼的绅士显得焦

---

① 译文引自郑永慧译《娜娜》（人民文学出版社，2017年）。

躁不安，他疑心这个人也在等娜娜，更是担忧得无法从后台门口走开。这就是所谓"痴人之爱"①吗？那天晚上，伯爵接到了娜娜，他们在意大利大道的英国餐厅的包间里，一起吃了生牡蛎。

虽然现在的全景拱廊街上已经闻不到煤气灯的气味了，但是街上仍然有

游艺剧院的后台门口

一种难以抹去的气质，仿佛它被孤零零地遗落在了过去。当然，租书店早已不复存在，法国全国都找不到这类店铺了，但是邮票商店和名片商店还在这条街上努力延续着生命。街上还有几家可丽饼店和咖啡馆，不禁让人怀疑此处真的会有生意吗？全景拱廊街像一把掉了齿的梳子，那些空着的店铺格外显眼。不过，作为19世纪的遗物，其忧郁的气质正是拱廊街的魅力所在。

少女时期的娜娜沉迷于假珠宝、镀金饰品之类的人造工艺

---

① 作者此处可能意指谷崎润一郎著《痴人之爱》，同样讲述了一位男性的狂恋。——编注

品，她也很喜欢这条全景拱廊街。她曾陶醉地站在巧克力店橱窗前，新奇于小狗造型的饼干。（说起来，我小时候也有很多颜色浓烈的纯色动物饼干，有粉色的、黄色的、绿色的。）

"全景拱廊街"这个名字，源自以前建在林荫大道区对面的"全景馆"（1799年—1831年）。全景画是一种视觉景观，弧形的墙壁上画着远景，近处放置模型，从而在视觉上营造出实景的错觉，一度在欧洲和日本非常流行。据成书于明治时期30年代的《东京风俗志》（筑摩学艺文库出版）记载，"浅草的全景馆建于明治23年（1893年）5月，起初是以美国内战为主题，大获好评"。巴黎的全景馆主要以巴黎、罗马等地的城市风光、壮丽的阿尔卑斯山风景以及战争场面为主题，当时极受欢迎。圆形全景馆的结构比较紧凑，直径14米，高7米，而连接两个像筒仓一样的剧场之间的通道，就是全景拱廊街。

不久，这附近又建成了一个直径32米的超大全景馆，并且出现了一种称作立体透视画新景观，可以"在更高程度上利用眼睛的错觉"（巴尔扎克，《高老头》），即位于林荫大道东边一点的**达盖尔的立体透视画馆**，当时同样大受欢迎。达盖尔是全景画置景师普雷沃的学生，他作为全景画置景师出道，后来成了立体透视画置景师，再后来，他发明了早期摄影技术"达盖尔银版摄影法"，从此名留后世。除了全景画和立体透视画，还有内景全

第二章
拱廊街漫步

景画（neorama）、空心圆球画（georama）、世界风景全景画（cosmorama）等，各种门类，争奇斗艳。《高老头》里，公寓的住客们说话时赶时髦，喜欢以"-rama"结尾，充分反映出了当时的时代特色。

随着"完美的视错觉景观"（《巴黎外国人新指南》，1836年）立体透视画的出现，全景画逐渐过时，失去了受众，最终在1831年被拆除。不过，林荫大道区作为巴黎最大的闹市区，一天比一天繁华起来。林荫大道装上了街灯，剧院、咖啡馆鳞次栉比，人行道也铺得平平整整，风流绅士随处可见。1828年，第一条公共马车线路"玛德莱娜—巴士底线"开通，该线路途经林荫大道区。全景拱廊街是巴黎最早配备煤气灯街灯的街道，它连接着林荫大道区和皇家宫殿这新旧两处闹市区，是一条非常繁华的购物街。"狡猾的投机者开辟的所有道路中，没有哪条像全景拱廊街这么繁忙。……今天，这条漂亮的大道也在商业之神的庇佑之下。"当时的一位民生观察家如是说。据说，彼时的全景拱廊街上有很多著名的店铺，比如咖啡馆"韦龙"、卖版画和小玩意儿的"叙斯"、卖巧克力的"致考兰公爵夫人"，还有蛋糕店"费利克斯"。于是乎，将来这里逛街的姑娘们当成猎艳目标的男士蜂拥而至。当时，一本名为《花花公子指南》的书中有一段有趣的描述，它是这么说的："全景拱廊街上总是有很多搭讪大师，各个年龄段的都有。不过看来看去，还是上年纪的人多些。"果然，这个街区更适合像米法伯爵这样的老男人。

提到全景拱廊街时，人们往往会引用描绘那里繁华景象的知名画作，难免会给人留下一种错误的印象，以为那里直到19世纪末都是站在时尚潮流最前沿的繁华闹市。然而事实如何呢？早在1835年，就有了如下出人意料的评价。

> 30年前的巴黎，拥挤、肮脏、不便、通风不良，所有街道都光线昏暗。所以，大家觉得全景拱廊街无比美好。玻璃拱顶、时尚的商店、有品位的装饰，这些都让人可以暂时忽视这里的狭窄和拥挤。……然而，等到薇薇安画廊街、科尔伯特画廊街、维侯多达画廊街、歌剧院拱廊街和舒瓦瑟尔拱廊街等漂亮的廊街建成，全景拱廊街就显得非常普通了。（《风景如画的法国》[1]）。

可见，那个第二帝国时期曾让娜娜为了店里的廉价商品久久驻足的全景拱廊街，已经失去了时尚前沿的地位。一定是从这个时候开始，全景拱廊街就被当作一个用以怀旧的地方了。

---

[1] 作者未给出法文原名，推测为杂志"*La France pittoresque*"。

第二章
拱廊街漫步

拱廊 vs 画廊

观察巴黎廊街的新旧交替时,有一点尤为值得注意,那就是新廊街都被命名为"galerie(画廊街)",而不是"passage(拱廊街)"。比如全景拱廊街两侧的岔路,包括游艺画廊街(Galerie des Variétés)、费多画廊街(Galerie Feydeau)、蒙马特画廊街(Galerie Montmartre)等新廊街,都是用"galerie"命名的。

Passage 一词侧重"通道"功能之意,与"通行(pass)"、"行人(passer)"同源。而 galerie 意为"走廊",同时也用于指代美术馆里的"陈列室",可参佛罗伦萨的乌菲齐美术馆(Galleria degli Uffizi)。由此可见,galerie 一词确实容易让人联想到奇珍异宝琳琅满目的意象。另外,和英语中表示高尔夫比赛观众的"gallery"一词一样,galerie 在法语中也用来指代"观众",据说该用法是从老式网球(Jeu de Paume,网球的前身)的"观众席"一词派生而来。这样看来,galerie 似乎更能如实地反映出通道这一空间的戏剧性,用这个词命名或许颇具合理性。衣着光鲜的人来画廊街寻找最新的风潮,他们心中清楚,当他们欣赏橱窗时也在被欣赏。很快,百货公司也开始自称 galeries(如老佛爷百货 Galeries Lafayette 等）。所谓的潮流之地，势必将一切元素兼容并包。巴黎拱廊街源起巴黎皇家宫殿的木廊商场（Galeries de Bois），用 galeries 为百货公司命名也可以称得上是一种复古。

铺垫了这么多，其实我想说的无非是名字中带 galeries 的新兴廊街，比过去的廊街更时尚。只要去科尔伯特、薇薇安和维侯多达等廊街亲眼看一看，自然就能体会到。新廊街也往往更宽阔、更舒适。

自称 galeries 的精致街道，对今天的我们是否仍然有吸引力呢？比如，拥有奢华圆形大厅的科尔伯特画廊街，还有和它紧挨着的薇薇安画廊街，它们的真实情况究竟如何呢？那里有高定品牌让·保罗·高缇耶，还有时尚的茶室，街上也能见到不少有钱有闲的贵妇。但是整体看上去，还是显得很萧条。不知道是不是出于这个原因，每次我去那里，都觉得附近的法国国家图书馆的商店面积又变大了。经过翻新的廊街更为美观，可也让角落里的旧书店显得更格格不入。重建精致廊街的战略似乎并不成功。同样地，彻底翻修过的维侯多达廊街（位于皇家宫殿东侧），又如何呢？

第二章
拱廊街漫步

从茹弗鲁瓦拱廊街到韦尔多拱廊街

接下来，我们从全景拱廊街向北前进，穿过蒙马特大道，横陈在眼前的就是开阔的茹弗鲁瓦拱廊街。虽然名字叫"拱廊街"，但是这里并不狭窄，反而令人感觉很开阔，正面的大钟也是一个绝妙的点睛之笔。蒙马特大道开通于1847年，虽然在拱廊街中是后起之秀，但从一开始就非常繁华。杂文作家德尔沃在《巴黎的快乐》（1867年）中写道，这条街"拥挤不堪"——换成法语中的说法，即"像装鲱鱼的桶一样满"。他不禁发问，这里为什么有这么多的人呢？他得出的结论是，因为衣着挑逗的姑娘们来这里"寻求未知的邂逅"，所以大家"杀到这里，像交换名片那样跟人交换媚眼"。

茹弗鲁瓦拱廊街上还有格雷万蜡像馆（成立于1882年），与冷清的全景拱廊街相比，这里虽然谈不上**拥挤不堪**，但绝对要热闹很多。格雷万蜡像馆的拐角有一段台阶，为这条街又增加了几分风情。时间似乎停驻于此，但绝非一片死寂。走下楼梯，我们会发现出售昔日名画海报的商店，与这个复古的空间非常相称，吸引了大量的收藏爱好者。

来到茹弗鲁瓦拱廊街，不能错过餐厅能人居（入口在蒙马特大道上）。这家餐厅是为数不多幸存至今的老式廉价食堂——"肉汤餐厅"。过去，熟客会把自己的餐具寄存在店里，寄存柜留存至今。不过，能人居最近成了一个旅游景点，服务变差了，价格变贵了，餐点味道平平。不得不承认，这里的魅力已经大不如前。明明在20世纪70年代，这里曾聚集着许多没钱的嬉皮士和背包客，是一个充满热情和活力的地方。

穿过茹弗鲁瓦拱廊街，走进韦尔多拱廊街。突然，寂寥之感扑面而来。街上几乎空无一人，冷冷清清的。事实上，这条街自从开通以来，来这边逛街的人似乎都会在韦尔多拱廊街前面右转，朝热闹的蒙马特街区走去。不过，我很喜欢这一段L形的小巷子，喜欢它从过去到现在一直都孤孤单单的感觉，常去逛逛。

能人居

我还欣喜地发现，和左拉描写百货公司起源的小说①中所述的一样，那家名为妇人乐园（巴士底附近有一家分店）的刺绣用品店还保留着19世纪的风貌。它隔壁是一家专卖漫画书的旧书店，我在那里淘了一些海报作为纪念。

韦尔多拱廊街的入口

这条小巷子的深处有几家旧书店，我年轻时经常光顾，在那里可以用超低的价格买到19世纪的小说。我甚至淘到过一套莫雷利的《历史大辞典》（首次出版于1674年），书上满是灰尘，像是从震灾废墟里挖出来的一样。全套共4卷，只花了2万日元。这要是日本旧书店出售的善本，价格至少要40万到50万日元。我们那一代修法国文学专业的学生常听老师耳提面命——研究古代文学必须备齐主要的字典，是做学问的第一步。所以，我每次到法国都热衷于淘书、淘

---

① 即《妇人乐园》（*Au Bonheur des Dames*）。

字典。然而,"少年易老学难成",费心费力淘回来的大量书籍,还没怎么看过,我就已经到了这个年龄。至今,莫雷利的大辞典还静静躺在我研究室的纸箱里。

许多曾引领一个时代、拥有莫大人气的拱廊街,也同样陷入永久地沉睡。第二帝国时期,塞纳省省长奥斯曼将直线美学运用到城市景观建设上。于是,"古老城市的起伏褶皱"(波德莱尔,《小老太婆》)消失不见,巴黎化身为气势恢宏的现代都市。有着宽敞人行道的大街,成为都市漫步者的新舞台。人行道旁种着树,街上的橱窗沐浴着阳光,咖啡馆的露台静静等待着漫步者的到来。最新、最时尚的店铺也纷纷抛弃了它们的诞生地,从拱廊街"离家出走",把店开到了大街旁。**廊街通道**的时代宣告结束,而**大街**的时代拉开了帷幕。狭窄、阴暗的拱廊街,成了真正的"明日黄花"。

今后,拱廊街只会作为一个引人怀旧的迷宫,勉强延续。我建议读者朋友好好去每条拱廊街走一走、看一看。卖邮票和钱币的商铺、电影海报店,还有旧书店,等等,这些出售带有时代烙印的东西的小店,会给你留下深刻的印象。那是一个与时尚截然相对的时空。

第二章
拱廊街漫步

索邦拱廊街

塞纳河左岸曾被称为**大学区**，是以脑力劳动著称的区域，商业化进程相对缓慢。这里与右岸不同，没有像皇家宫殿或林荫大道区那样的商业街，很难吸引人们前来逛街购物或者散步。绝大多数带拱顶的拱廊商业街出现在塞纳河右岸，就拱廊街而言，左岸可以说是一片不毛之地。

一本专门介绍拱廊街的书中列出了巴黎全部的62条拱廊街。（现存大约一半。另外，第二帝国时期的一本巴黎旅游指南中指

索邦拱廊街的坡道

出,"巴黎有183条拱廊街"。)其中,塞纳河左岸只有3条,除了咖啡馆普罗可布后面那条路面颠簸的圣安德烈商业街之外,另外两条如今踪影难觅。

修建于1853年的索邦拱廊街正是消失不见的两条拱廊街之一,位于索邦大学正前方,街的长度很短,存续时间约半个世纪。当时为什么要在离大学这么近的地方建这样一条拱廊街尚不清楚。1910年,该地段被拍卖,不久后,索邦拱廊街便消亡了。据说,那时还有4家店在营业,也许是文具店和旧书店坚持到了最后吧。

后来,我得知索邦拱廊街的入口在索邦路18号,于是有一

近距离观察,拱廊上残存着"Passage de la Sorbonne"的字样。

天心血来潮，决定前去参观。我到了之后发现，那里竟然是巴黎大学的办事处，我还曾多次在这儿买过巴黎大学的出版物。我抬头看向索邦路 18 号的建筑，发现二楼有一个拱形的部分，让人联想到昔日的拱廊。于是我仔细地观察了一下这个拱形的部分，惊讶地发现，样式怪异的柱子之间，竟然还保留着"Passage de la Sorbonne"（索邦拱廊街）的字样。这对已经找不到拱廊街踪影的左岸来说，简直是无上珍贵的痕迹。一楼的墙面翻修得非常平整，但二楼色调偏暗，很有可能内部也和从前差不多，希望以后我能有机会进去亲眼看一看。

深褐色的拱廊街

我特意留到最后给大家介绍的，是在文学作品中被描述为又窄又暗、已经没有生气的拱廊街，新桥拱廊街。这条拱廊街建成于 1823 年，可以说是塞纳河左岸唯一一条被玻璃拱顶完全覆盖的拱廊。据说那里有很多洋装店、乐谱店、帽子店、杂货铺和咖啡馆。当时一些报纸报道说，塞纳河左岸圣日耳曼德佩区资产阶级专享的拱廊街已经完工，之后还会有相应的开发建设。不过，当时有人这样描述探访这一地区的感受。

> 我去了圣日耳曼德佩区，听说那里最近建成了一条小拱廊街。……这条新桥拱廊街的宽度将就可以容纳三人并行，而且每家店里都看上去只摆着一些货架子。让我惊讶的是，街上竟然只有一家帽子店。……我居然为了这么几家店特意跑了一趟！我带着不满离开了。（《新巴黎图景》，1828年）

新桥拱廊街建设初始，其凋敝的命运就已经注定。但不久后，一个将这条潮湿、偏僻的小巷写进小说里的男人出现了。——正是住在卡尔塞拉丁的新生代作家爱弥尔·左拉（1840—1902）。而那本小说则是他的处女作，《红杏出墙》（1867年）。

在小说故事中，拉甘夫人在韦尔农（位于巴黎和鲁昂之间的一个小镇）深居简出，因为体弱多病的儿子卡米耶想去巴黎，所以她盘下了新桥拱廊街的一家杂货铺。从原店铺主人"想把店铺转让出去"就可以想象，这条街有多不景气。下面是故事开头对这条拱廊街的描述。

> 沿着塞纳河畔走，在盖内高街的尽头，就能看到新桥拱廊街。这是一条狭长而晦暗的巷子，从马萨林路一直延伸到塞纳路。这条街最多30步长、两步来宽。地上铺着淡黄色

的石板，很多已经磨损、松动，总是透出浓烈的潮气。盖在巷子上面的尖顶玻璃天棚又黑又脏。

在阳光明媚的夏日，强烈的阳光炙烤着街道，发白的光线透过肮脏的玻璃天棚射下来，在这小巷子里投下可怜的影子。在天气恶劣的冬日，那些雾蒙蒙的上午，透过玻璃天棚投射在又黏又脏的石板上的，只有一片黑暗，一片污秽的、可怕的黑暗。①

故事的主人公，卡米耶的妻子泰蕾丝，在这条阴郁的巷中，与野兽一般的男人洛朗有染。最终，泰蕾丝溺死了卡米耶。这条泛黄的拱廊街的阴暗潮湿，与《红杏出墙》中描绘的世界一模一样（顺附一言，西蒙·西涅莱主演、马塞尔·卡尔内执导的电影《悲哀的桃乐丝》，其故事背景并不是巴黎，而是里昂的红十字区）。拱廊的上方写着"泰蕾丝·拉甘"。自古以来，西方书籍的扉页上往往画有柱廊或大门，象征着进入文本空间的入口。而这本书扉页上的画又与拱廊小巷的形象相重叠，象征着这个狭窄的空间里，将上演欲望和死亡的戏码。我对画中入口处的台阶很感兴趣。这条街东侧入口所在的马萨林路，以前应该就是奈斯勒护

---

① 结合日文译本，部分参考了李政译《红杏出墙》(中国社会科学出版社，2004年)。

城河路。如果是这样，那么这段"台阶"可能也是护城河堤岸留下来的残影。

在故事的结尾，为了从卡米耶亡灵的谴责中得到解脱，泰蕾丝和洛朗双双服毒自尽。就这样，作者仿佛通过《红杏出墙》给这条幽暗的拱廊街宣判了死刑。20世纪末，一位记者甚至这样评价道："无论过去还是现在，这条拱廊街的气氛都和《红杏出墙》故事中那种可怕的阴郁一模一样。没有什么地方比这里更幽暗，要是让我说，也没有什么地方比这里更不健康。"

不仅是《红杏出墙》，左拉很多小说中的光线都不是印象派画作中常见的暖色光斑，而是冷色光。用摄影来说，类似底片的深棕色，又或者可以说和阿杰特的照片一样，给人一种幽暗的感觉。

说左拉小说中的光线和阿杰特的照片一样，我有着充分理由。1910年，阿杰特专门去拍下了荒废、破败的新桥拱廊街。因为他深知，这条堪堪可以擦肩通行的狭窄小巷，已经没了商业街的影子，成了一条单纯的通道。不久后，这条阴郁的拱廊街就被拆除了。

现在，这里叫作雅克卡洛路，与一个类似小广场的开阔空间融为一体。我去探索了一番，遗憾于没能找到任何拱廊街存在过的痕迹。雅克卡洛路和塞纳路的街角上，有一家叫作"调色板"

的咖啡馆，店内的复古风格让人倍感轻松舒适。这家咖啡馆因为常常聚集着附近艺术学校的学生闻名。一天，我在这家咖啡馆靠里的位置坐着等人，倾杯独酌，瞬间，我脑中闪过了《红杏出墙》里描述的拱廊街的画面。说起来，在这个晴空万里、视野开阔的地方，竟然曾经有过那样一条阴暗的巷子，多少有点让人觉得不可思议。

【专栏】
《娜娜》(1880 年)

左拉的系列作品《卢贡·马卡尔家族》中的第 9 部。娜娜(本名安娜·古波)是绮尔维丝和古波(见《小酒店》)的女儿,为摆脱贫困离家出走。她既不会演戏,也不会唱歌,凭借丰满的身材成了游艺剧院的明星。很快,她成了出名的高级娼妓,把许多男人迷得神魂颠倒。受到这只"金苍蝇"魅惑的男人被其放荡所吞噬,一个个自毁了。欧仁妮皇后的侍从长官米法伯爵也是其中之一。他凭借财力帮助娜娜从游艺剧院脱身,把她安置在一栋豪宅里,但是娜娜的放荡生活没有改变。后来,米法伯爵失去了地位和财富,他的妻子与别人通奸。再后来,普法战争爆发,1870 年 7 月 19 日,年仅 18 岁的娜娜死于天花。小说《娜娜》通过妓女的肉体,讽刺了第二帝国时期法国首都巴黎的阴霾,是一部杰出的作品。马奈的画作

《娜娜》（1877年）也很出名，不过这幅画的灵感来自左拉的另一部作品《小酒店》。

第三章

来自过去的旅游指南

《巴黎游客钻石指南》

在塞纳河畔逛旧书摊时，经常会看到以前的巴黎观光指南。虽然这类书有时卖得不便宜，但是作为纪念品，我还是非常推荐大家买一本回去。除了旧书，有时还能找到再版书。什么？你说自己不懂法语？没关系，找一本英文版的也可以。把旧书拿在手上随意翻动，会有很多你意想不到的惊喜发现。我保证，你可以足不出户，就享受到穿越回百年前巴黎的乐趣。

接下来，我想和大家一起来翻阅一本袖珍指南，《巴黎游客钻石指南》（阿歇特出版，1867 年）。虽然这本书的尺寸比文库本[①]还要小，但多达 400 多页，内容相当充实。我想和大家一起探索的，不是指南中诸如解说巴黎圣母院的部分，而是解说以外的通识性信息。我不打算做理论性的研究，只是随意挑选出一些

---

① 通常为 A6 大小（105mm×148mm）。

有趣的部分，和大家分享。

这本指南的法语原标题是"Paris-Diamant"，直译成日语是"珠玉のパリガイド"①。环衬上粘着一个小纸袋，内装巴黎地图，供读者随时查阅（但是我买到的这本缺少地图）。这本指南的通识性信息约60页，包括"公共交通信息"、"酒店和餐馆信息"和"其他信息"三个部分。扉页上写着"本指南中介绍的内容和相关推荐，全部非商业推广行为"。意在强调没有拿钱给餐厅打广告。下面，我就和大家一起详细看看这本指南。

马车线路的标识

指南第一章《抵达巴黎》，提供了各种公共马车的信息，包括路线、价格表等。公共马车行业是法国客运交通大众化的象征，曾拥入大批经营者，行业竞争激烈，场面一度陷入混乱。1855年，塞纳省省长奥斯曼主动采取措施，合并了10家公司，成立了公共马车总公司（CGO）。不过，在帕西②和欧特伊③地

---

① 直译为中文是"钻石巴黎指南"。
② 帕西（Passy），巴黎第十六区，巴黎最大、人口最多的区，位于塞纳河右岸。
③ 欧特伊（Auteuil），位于塞纳河与布伦园林区之间的城镇，现在是巴黎的一部分。

第三章
来自过去的旅游指南

区,还有一条名为"美国铁路"的马车线路,这条线路上的马车在铁轨上行驶,是有轨电车的前身。巴黎公共马车系统之复杂可见一斑。公共马车事业鼎盛期,巴黎用于公共交通的马匹超过一万匹。无论当时巴黎的街道修建得多么时髦,想必也随处可见热气腾腾的马粪,——当然,或许不及如今作为"巴黎特色"的狗粪那么有话题度。这样说来,仔细观察印象派的巴黎风景画,画中常见打扫街道的大爷,我猜描绘的肯定是正在收集马粪的场景。

我想先简单介绍一下公共马车总公司的马车线路。路线共有 31 条,通过字母、车厢颜色(黄色、绿色、茶棕色、深棕色)和两个车灯的颜色(红色、绿色、白色、紫色)加以区分。比如,欧特伊和皇家宫殿之间的马车线路称为 A 线,马车车厢为黄色,有两盏红色的车灯;而连接缅因大街和巴黎北站的线路(V 线),马车车厢为茶棕色,有绿色和红色的车灯。当时马车车厢的颜色有一深一浅两种棕色,有的马车车灯左右两边颜色不同,能清楚地区分各个线路。运用高中数学的排列组合公式,可以算出当时巴黎有多少条线路。不过鄙人是早就不记得那些公式了。

途经格兰大道的著名的圣玛德莱娜—巴士底线(E 线),同样是黄色车厢、两盏红色的车灯,这不是和 A 线完全一样吗?于是我重新调查了所有的线路,结果发现,竟然有 9 条线路都是

"黄色车厢加两盏红色的车灯"，我都怀疑是自己眼花了。这样真的能区分所有线路吗？但我转念一想，白天不需要开车灯，晚上又不可能看清车厢的颜色，纠结这个问题的我反而像个傻瓜。好吧，好在还有字母标识。A线下面又分成从A到AG的7条线，至少线路名称是各不相同的，就算及格了吧。

马车限乘人数为26至28人，只要打个手势，就可以在任何地点上下车，实在非常方便。不过，要是车上打出了满员的标牌，那再怎么打手势也没用，也是理所当然的事。车厢座席的票价为30生丁①，车顶座席费用折半，仅15生丁。据说，车顶座席"对吸烟者来说非常舒服，但乘客最好体型轻便"。此外，领一张换乘票就可以换乘其他线路。如果换乘，车顶座席票便不会打折了，售价30生丁。票价的规定模糊且不合理，不太符合法国人的做事风格。如果一开始就有换乘的打算，总归是要花费30生丁，与其选露天的车顶座席，不如直接选车厢座席来得划算。以前，日本一些地区的有轨电车也使用过这种令人怀念的换乘票系统，不知是否仍有留存着该形式的地方呢。如今，欧洲大多数地区的地铁和公交采用了基于时间的换乘制度。以里昂为例，我印象中是一个小时之内，可以免费换乘市内的任意公共交通线路。

---

① 生丁（Centime），法国货币单位的辅币，相当于中国的"分",5生丁为1苏，100生丁为1法郎。

第三章
来自过去的旅游指南

别把东西落在出租马车上

除了公共马车，当然有类似出租车的马车，这本指南里列出了出租马车的收费标准，也是相当的复杂。在出租车站乘车和在路上拦车的价格不同，小型马车和中型马车的价格也不同，而且还规定了深夜时段（00:30之后）以及在巴黎市外行驶时，要加收一定费用。我不知道用专业术语该怎么表述，用白话来说，就是乘出租马车到巴黎市外的时候，因为会有空车返回市内的可能，所以要加收一定的费用。行李一律每件25生丁。最后，也是最重要的，当时还没有计价器，马车基本上是按时间收费，似乎是以5分钟为单位递增计价。

乘坐19世纪的出租马车时有一条铁律，那就是以防万一，一定要记住马车车厢上的号码。据说，有时车夫会给乘客一张写有马车号码的纸条，但即便如此，遇到有东西落在车上之类的情况依旧很难找回来，车夫里也有一些人不是那么善良。

说起因为东西落在马车上而影响了人生走向的故事，就不得不提莫泊桑的短篇杰作《项链》（1884年）。漂亮的玛蒂尔德是普通公务员罗瓦赛尔的妻子，她要随丈夫一起参加教育部部长举办的宴会。宴会必须盛装出席，她买了新裙子，但买不起饰品，于是她从学生时代的好友福雷斯蒂埃太太那里借了一条钻石项链。玛蒂尔德像灰姑娘一样，宴会当天，她在男士们的瞩目下尽情地跳舞，但灰姑娘到了午夜就不得不回到现实。当然，她既没有南瓜马车，也没有私人马车，只能在街上拦一辆出租马车。

> 最后，他们总算在沿河的马路上找到一辆单厢马车。这是一辆专门做夜间生意的破旧马车，只有夜幕降临后才能见到，仿佛它在白天自惭形秽，到了晚上才敢出来游荡似的。①

然而，等待这对夫妇的是一场噩梦，这辆破旧的马车象征着庆典之后的寂寥。他们在马车上弄丢了借来的项链。

> ——是在马车上，对吗？
> ——对，应该是这样的。你记得车号吗？
> ——不。你呢？你没留意车号吗？
> ——我没看啊。

就连旅游指南上都写明了得记住马车号码，他们应该照做

---

① 译文结合日文译文，参考沈樱译《项链：莫泊桑短篇小说集》（北京时代华文书局，2015年）。

的。前途无望的小公务员罗瓦赛尔去找了马车公司,也去找了警察,但始终找不到遗失的项链。于是,这对夫妇借了一大笔钱,以三万六千法郎的高价买了一条一模一样的项链,装作无事发生地还给了福雷斯蒂埃太太。然后,他们辞退了家中的女佣,搬了家,两个人租了一间小阁楼住,罗瓦赛尔甚至做起替人抄写的兼职。他们省吃俭用地存钱,经过10年的辛苦劳动,终于还清了债务,但是那个曾经漂亮可爱的玛蒂尔德却沧桑得像个老太太一样了。一天,玛蒂尔德在香榭丽舍大道遇见了"仍然年轻、美丽、富有吸引力"的福雷斯蒂埃太太和她的孩子。福雷斯蒂埃太太不敢相信眼前的老妇人竟然是她的老同学。玛蒂尔德坦白说,这是因为聚会当晚,自己弄丢了向她借的钻石项链。这时,福雷斯蒂说出了让人难以置信的真相。

"哦,我的上帝!我可怜的玛蒂尔德!那条项链是假的啊,顶多值五百法郎……"

银塔餐厅

指南第 2 章叫作《选择地点》,提供了大量的酒店、公寓以及各种餐厅的信息。

首先是住宿设施的介绍。根据商务、学习、观光等不同目的，以及预算的多少，指南中给出了不同档次的住宿选择。接下来，书中描述了塞纳河左右两岸酒店的价格差异。在左岸的塞纳路等地区，一晚 3—5 法郎的价格能住上"二楼或三楼临街的舒适房间"。然而，在右岸的圣奥诺雷街区，同样的价格却只能住"四楼或五楼朝向院子的房间"。可以看出，右岸的住宿费用较高，而且价格差异还体现在了楼层上。在没有电梯的时代，酒店和普通建筑一样，楼层越低价格越高。另外，当时认为临街的房间比朝向院子的好，可能现在通常也是这样。如此看来，选择朝向院子的房间，不仅安静而且更便宜，算是一举两得。

在被视为《巴黎游客钻石指南》母本的《蓝宝书》中，还体贴地给出了更多建议。比如，建议游客租房后尽快确认附近医院的位置；把药店和邮局的地址记下来；如果住的是酒店，付款时可以找前台要收据；如果住的是公寓，要根据租金的多少，给管理员一定金额的小费；等等。

住宿设施分为"酒店"、"带家具的公寓"、"带家具的民居"和"不带家具的公寓"。指南中共列出了约 100 家酒店，一个一个看下来，实在非常有趣。可以看到，当时巴黎已经有莫里斯酒店和布里斯托尔酒店等著名酒店。以鸭肉菜肴闻名的银塔餐厅，也被列在酒店的类别之下。银塔餐厅从 20 世纪起便以鸭肉菜肴闻名，这家餐厅楼上的酒店存续至今。海明威在《流动的盛宴》中回忆说，塞纳河河边的旧书摊上，有时会出现住在银塔餐厅的美国客人留下的新出版的书，他以前买来读过。

让我们仔细看一看这本指南里排在第一位并且附图介绍的**巴黎大酒店**。这家豪华酒店位于巴黎歌剧院附近，至今依然存在，现在一层是**和平餐厅**。它是巴黎最大的酒店，共有700多个房间。酒店的阅览室里可以看各种各样的外国报纸，酒店里还设有极尽奢华的台球室。据说，在套餐专桌用餐只要8法郎，而且附带葡萄酒。24小时营业的餐厅吸引了不少深夜晚归的人。一间普通房间4法郎，价格并不算贵，但更好一点的房间要40法郎。这家酒店很早就有了电梯，据说电梯运行至深夜，让人吃惊。可能当时用的还是液压电梯①。

贫穷的标志加尔尼旅馆

我认为有必要说一下指南中刻意避而不谈的加尔尼旅馆（hôtel garni）。

以前，有钱人来巴黎的时候是住在哪里呢？如果在巴黎有认

---

① 市面上的电梯类型主要有液压电梯和曳引电梯两种。其中，液压电梯出现得更早，现在相对少见，而曳引电梯用得更广泛。

识的朋友，就可以住朋友家。没有的话，他们会租一个大公寓。如果住的时间长，他们会从家具店买来地毯和家具，按照自己的喜好装饰房间。当时，"地毯商"一词泛指家具商和室内装饰从业者，只要交给他们，他们就会按照你的意愿把房间布置好。当然，家具是租的。另外，很多长期住客还会雇用一些临时的男女用人。

为了吸引长期住客，很多酒店都提供带家具的房间和廉价的膳食。这种"带家具的旅馆"就叫加尔尼旅馆，或者简称加尔尼。

同样是加尔尼旅馆，档次也是千差万别。比如，《巴黎外国人新指南》中列出了20多家加尔尼旅馆，其中包括前面提到的莫里斯酒店和布里斯托尔酒店，这两个地方现在可都是巴黎具有代表性的顶级酒店。可见，当时也有一些高级的加尔尼旅馆，供有钱的英国绅士在此长期居住。

不过，这里有一个问题。就是"加尔尼"这个词，从最初便带有负面的意思。梅尔西埃这样写道：

> 带家具的公寓非常脏。对于一个可怜的外国人来说，没有什么比看到一张肮脏的床、四面漏风的窗户、烂了一半的地毯，还有堆满垃圾的楼梯更令人厌恶的了。……那些站在

第三章
来自过去的旅游指南

剧院门口的石板路上拉住你、跨过阴沟追着你的可怜姑娘们,她们住的就是带家具的公寓。("带家具的公寓",出自梅尔西埃著《巴黎图景》)

梅西尔甚至说,这种污秽、悲惨和不正经的住所,是让游客迅速逃离巴黎的原因。当然,严格来说,"带家具的加尔尼旅馆"和"带家具的公寓"还是有区别的,但不论如何,"加尔尼=廉价住所"的认知变得根深蒂固。比如,在外务工的马丁·纳多住在一家每个房间12个人合住的加尔尼旅馆里,旅馆里一共住了60个人,却只有一个肮脏的卫生间(纳多著,《莱昂纳多回忆录,一个曾经的石匠少年》),基本和**章鱼房间劳动**或**饭场**①差不多。

加尔尼旅馆的形象和**木赁宿**②近似,旅店通常会提供最基本的家具,把加尔尼旅馆简称为旅馆也没什么问题。《巴黎游客钻

---

① 即タコ部屋労働(たこべやろうどう),指第二次世界大战以前日本北海道的一种强制的、不人道的体力劳动模式。飯場(はんば)指矿山或建筑工地上的工人集体宿舍。这里都是指劳动者住在条件非常差的环境里,而且日夜劳碌。

② 即木賃宿(きちんやど),指日本江户时期最便宜的旅馆。这种旅馆不提供食物,住客必须自己做饭,甚至要自带被褥。住宿时还需要支付炉灶和水井的费用。

石指南》中与酒店有关的地方，都没有使用加尔尼一词。表示"带家具的公寓"时，指南中使用了另外一个中性词，"meublé"（意为家具）。

还有想要强调的一点是，后来，自然主义文学作品描写城市生活的悲惨和劳动人民的穷困时，加尔尼旅馆成了不可或缺的舞台，也是象征贫穷的标志。在著名小说《小酒店》中，绮尔维丝和郎第耶从法国南部私奔来到巴黎，住在市郊一个"破旧的加尔尼旅馆"里。故事的开头，绮尔维丝正在等待跑去别的女人那里过夜的郎第耶回家，她把自己的命运与加尔尼旅馆重叠在一起。

　　她的双眼含着泪珠，慢慢地向这个凄惨的出租屋内四处望了望。房间里有一个胡桃木的柜子，柜上还缺了一只抽屉，还有三把麦秸垫的椅子，一张沾满油污的小桌子，桌子上放着一个有缺口的水壶。为了孩子们，又在柜子前面加了一张铁床，竟占去了整个房间的三分之二。绮尔维丝和郎第耶的大行李箱在一个角落里摊开着，箱子里面空空如也，只有一顶破旧的男士帽子……壁炉上有两个已经不能配成一对的铅铁烛台，烛台中间放着一叠粉红色的当票。不过，这已经是这个旅馆里比较好的房间了，在二楼，而且窗子正对着

第三章
来自过去的旅游指南

大街。①

如果还想知道莫泊桑是怎么描述加尔尼旅馆的,可以看一看小说《漂亮朋友》②。普通小职员乔治·杜洛华(即漂亮朋友,Bel-Ami)偶然碰到了从前的战友弗雷斯蒂埃,弗雷斯蒂埃现在是一家报社职员。他告诉乔治,如果你能写出一篇不错的报道,就可以当上记者。听了这话,乔治心情振奋,回到了市郊肮脏的加尔尼旅馆。

> 楼梯很黑,他只好划火柴照明。楼梯上到处都是纸屑、烟头和菜帮子,脏极了。看见这种景象,他不由得一阵恶心,真想赶快迁出,搬到有钱人住的、铺地毯的干净房子里去。③

逃离加尔尼象征着的悲惨生活,正是乔治奋斗的动力。后来,他凭借帅气的相貌,在新闻界平步青云。

另外,小说家查尔·路易·菲利普描写的那些受压迫的人(如《蒙帕纳斯的布布》等),也都生活在加尔尼旅馆里。

---

① 结合日译本,参考王了一译《小酒店》(上海三联书店,2015年)。
② 又译《俊友》。
③ 译文引自张冠尧译《漂亮朋友》(人民文学出版社,2016年)。

加尔尼原本只是一个表示"带有家具"的中性词，后来却成了贫穷和苦难的象征，现在几乎已经见不到这个词了。那么，如果想在巴黎租一个带家具的公寓，该怎么说呢？像《巴黎游客钻石指南》里写的，你可以说"appartement meublé"，但千万不要误说成"garni"。

德国的加尔尼旅馆

如果说传统往往在更边缘的地方保留下来，也许会惹怒很多人。但加尔尼这个词，现在确实仍好好地保留在德语词汇中。让我们翻开《米其林红色指南》看一看，你会发现，德国的酒店名字后面有时会出现这个词。当然，这应该不是"带家具的酒店"的意思。我查了手头的德语词典，发现加尔尼酒店是指"只提供早餐的简易酒店"。只提供早餐，就意味着没有晚餐，换句话说，这家酒店没有餐厅。可见，法语中的"加尔尼酒店"一词越过国境，含义也在不知不觉中发生了细微的变化。

反过来说，这也意味着德国的酒店通常都附带餐厅，这一点与法国不同。在法国，酒店基本上就是一个单纯住宿的地方，吃饭通常要去外面的餐厅。一家法国酒店里有米其林二星或者三星的餐厅，是非常罕见的。相反，一家米其林三星餐厅同时经营酒店的例子倒是不少。这种餐厅往往位于僻远的首都圈外的地区，免费提供住宿服务，酒店不过是顺带的。

那么，带餐厅的德国酒店和加尔尼酒店，哪个更好呢？就我个人的体验而言，非常遗憾，我在德国几乎没吃到过什么美食，所以这个问题让我难以抉择。但是，热爱德国的小说家米歇尔·图尼埃（1924—2016）说，在这个国家，要住就住加尔尼。

图尼埃说，"德国酒店的餐厅很差，环境嘈杂，气味难闻"，因此，在德国找一家加尔尼才是明智的选择。这位散文大师也知道"加尔尼"一词在它的起源地法国名声非常糟糕，所以他又加上了一句，"来德国旅游的法国朋友们，'加尔尼'在德语里并不是虱子、污秽和廉价客栈的同义词，就是指不带餐厅的酒店，请大家千万不要误解"。（《纽伦堡1971》）我谨遵图尼埃的教诲，下次去德国的时候，想找一家加尔尼试试看。不过，还有一个问题，我该如何在德国的街上找到一家好吃的餐馆呢？

"Arlequin"是什么菜？

让我们回过头来，接着看《巴黎游客钻石指南》。在就餐信息方面，从昂贵的餐厅到城门周围的便宜食肆，指南中对各类餐厅进行了分类排名，非常有趣。下面，我就为大家简单介绍一下。

餐厅 指南中首先列举了十多家套餐制餐厅，这种餐厅在皇家宫殿一带和周围的拱廊街上较为多见。比如，位于全景拱廊街商务餐厅，午餐套餐分为 1.75 法郎和 2 法郎两种，晚餐套餐 3 法郎，儿童半价。而位于皇家宫殿附近的塔维涅餐厅价格略低，午餐 1.25 法郎，晚餐 2.5 法郎。

指南里另有一节专门介绍了单点制餐厅。书中首先提示说，一个人在这种餐馆用餐至少要花 4—5 法郎。也就是说，套餐制餐厅更划算。下面还列举了一些中等价位的餐厅。

接下来是高档餐厅。其中，位于皇家宫殿一带的普罗旺斯兄弟和位于香榭丽舍大街的乐多宴会馆还附有照片。乐多宴会馆是小皇宫[①]旁豪宅风格的一间建筑，现在依然有着特殊地位。另外，指南中还介绍了皇家宫殿附近的维富餐厅（即现在的大维富餐厅）等，银塔餐厅也被分在了**单点制餐厅**的类别中，但是当时没能进入美食排行榜的前三名。

套餐专桌 这是专门为住宿的客人和餐厅熟客保留的餐桌，

---

① 小皇宫（Petit Palais），建于 1900 年世界博览会之际，是巴黎市美术博物馆的所在地。——编注

类似火车上的指定席位，只要客人按时入座，就能享用每天不同的套餐。这对单身人士和独居老人来说尤为方便。即使在今天，仍然有一些餐厅会在角落里设置这样的专桌。《巴黎游客钻石指南》在这一类别里列出了一些提供餐食的廉价小旅馆——可以理解为巴尔扎克《高老头》里的伏盖公寓——尤其推荐了位于胜利广场附近、德拉梅先生遗孀①经营的旅馆。那家旅馆里有 20 人席位的专桌，午餐 1.4 法郎，晚餐 1.9 法郎，仅限男宾。

肉汤餐厅　虽然是廉价小店，但能提供包括汤和甜点在内的套餐。最初由名叫杜瓦尔的肉店老板创办，后在巴黎各处开设连锁店。前文提到的茹弗鲁瓦拱廊街等地，现在还保留着能人居等店铺。从圣米歇尔大道拐进拉辛路后，左手边有一家名为拉辛的肉汤餐厅。这是一家小有名气的比利时餐厅，我以前和一些法国学者去过。这家店新艺术风格的外墙上，还保留着一些过去肉汤餐厅的影子，显然和能人居属于同一家公司。对了，街对面一家酒店②的四楼有一个房间，以前是夏尔·克罗创建的"尔母诗

---

① 马塞尔·德拉梅先生（Monsieur Marcel）的遗孀（Veuve Déramé），已于 2017 年去世。
② 指外宾酒店（Hôtel des Étrangers），即现在的巴黎贝罗酒店（Hotel Belloy Saint-Germain Paris）。

拉辛肉汤餐厅（以前叫作卡米耶能人居肉汤餐厅，现在是一家知名的比利时餐厅）

社"①的根据地。阿蒂尔·兰波曾在那里边喝苦艾酒边吸大麻，他说："吸这个的时候，黑色的圆圈和白色的圆圈会一个接一个地冒出来。"

城门地区的廉价食肆　城门外有许多小酒吧和食肆，还有可以跳舞的小酒馆（guinguette，后文详述），形成了城门周边的

---

① Le Cercle des poètes zutiques，或 Zutistes。克罗和兰波等人成立的小组织。名称来源于法语 Zut，意思大致是"我呸！去他的！"。此处私译为汉语经典国骂"他妈的"的起源"尔母婢也"。

独特饮食文化。但是，该地区在 1860 年被并入巴黎，渐渐失去了以前的个性。有趣的是，会看旅游指南的通常是相对有钱的人，但这些廉价的饮食店也被指南收录了进去。现在有蒙帕纳斯站附近的加利福尼亚小馆，还有朗波诺小馆，它位于经常开设跳蚤市场的克里尼昂古尔。它们是廉价食肆的个中翘楚，是"衣衫褴褛之徒"的聚集地，也是了解当地原住民习俗的好去处，值得一看。从前，这些廉价食肆会提供从城中餐厅回收的残羹冷炙。这种残菜杂烩因为很像小丑穿的色彩斑斓的衣服，所以被称为"Arlequin"（意为小丑，英语为 harlequin），穷困潦倒的绮尔维丝平时就吃这些东西（《小酒店》）。

指南中还介绍了**食品店**、**蛋糕店**、**点心店**（在圣奥诺雷有一家名为"希斯特"的商店，可能是希斯特蛋糕的发源地）和**咖啡馆**（最著名的是皇家宫殿的圆形厅，指南中有附图）。此外还介绍了**啤酒馆**、**居酒屋**（即酒商酒馆，还注明"只接待工人"）、**烟草店**、**疗养院**、**公共澡堂**（塞纳河畔的莎玛丽丹大浴场），**付费公共卫生间**（指南中介绍了十多处。费用为 15 生丁），等等。

【专栏】

左拉《小酒店》(1877 年)

  故事发生在第二帝国时期的巴黎。洗衣女工绮尔维丝正在城外的廉价旅馆(加尔尼)里,等待和她同居的郎第耶回来。然而,这个风流浪子早上回到家,拿走家里仅有的一点钱,便又出去和别的女人厮混。后来,绮尔维丝接受了建筑工人古波的求婚。二人努力工作,他们的第一个女儿娜娜出生了。

  可就在他们准备开一家洗衣房的时候,古波从屋顶上摔了下来。受伤之后,古波丧失了工作热情,并且染上了酒瘾。绮尔维丝借来钱,终于在一栋大型公寓的底层拥有了一间她一直渴望的洗衣房。一切似乎都很顺利,但是,行文间却隐隐透出生活即将偏离轨道的气息。绮尔维丝过生日时半是自暴自弃地开了一个大派对。这时,郎第耶出现了,随之而来的还有一种不祥的预兆。令人惊讶的是，古波竟然让郎第耶和他们一起住，两个男人都靠绮尔维丝的洗衣房养活。绮尔维丝最终又与郎第耶发生了肉体关系。就这样，绮尔维丝和古波夫妇在贫穷和堕落的斜坡上滚了下去。结局中，古波死于酗酒，他们的女儿娜娜离家出走，绮尔维丝也落魄而亡。《小酒店》作为一部描写城市问题的小说，至今依然具有很高的现实意义，是《卢贡·马卡尔家族》（全20卷）的第7部。

该作品前后被翻拍成电影10次，其中最著名的是雷内·克雷芒执导的作品《小酒店》(1955年)。

存局候领

邮资后付的支付习惯

《巴黎游客钻石指南》第 3 章的信息量非常巨大。先介绍了**大使馆**、**领事馆**、**各部委**和**主要公共机构**（登记处、海关等），其次是**警察局**、**邮政系统**（特别介绍了巴黎的邮票）、**邮局**（介绍得非常详细）和**电报**（比较详细），最后是**外币找换店**、**各种俱乐部**（赛马俱乐部、铁路俱乐部等）和**读书俱乐部**（共列出 6 所）。指南中写道，"大多外币找换店都位于皇家宫殿的拱廊街、林荫大道区和薇薇安拱廊街"，可见，这类店铺大多集中在巴黎的市中心。最后，指南中介绍了**照相馆**。

第 4 章介绍了**推荐旅游路线**（一日游、两日游、七日游以及双周游的 4 种旅游路线）、**博物馆**和**图书馆**的开馆日期和时间，

第三章
来自过去的旅游指南

还有**剧院**；第 5 章介绍了**汽船**（往返于巴黎和圣克卢的船票为 1 法郎）和**铁路**（共 7 家公司，包括"东部铁路""里昂—地中海铁路"以及"巴黎小环线铁路"等。只有"巴黎小环线铁路"附有价格表）。

在此，我想重点聊一聊**邮政系统**和**照相馆**。

信件是当时最重要的通信手段，《巴黎游客钻石指南》中详细地进行了说明。我不打算详述当时的邮政情况，只挑几个有趣的发现和大家分享一下。第一，当时明确区分贴邮票和不贴邮票的信件。比如，贴邮票的信件邮费是 20 生丁，不贴邮票的 30 生丁。不贴邮票意味着这封信是"邮资后付"，由收件人支付邮费，其费用要高得多。现象产生的背后自有它的理由。从前，只有社会地位较高的人才会通信，通常由收信人支付邮费。提前支付邮费会被理解为默认收件人没有能力支付，是一件失礼的行为。这实在是过往美好时代中才会有的老观念。英国（1840 年）最先打破了书信文化中的贵族主义，开始推行预付邮资制度。当时英国发行了世界上最早的邮票，即著名的"黑便士"邮票。之后，法国也追随英国的步伐，推行预付邮资制度，发行了以谷物女神色列斯为主图的邮票（1849 年）。虽然这本指南上说，当时的邮票已经有从 1 生丁到 5 法郎不等的 10 种面值，但我猜，他们肯定还是更习惯到付。

第二个有趣的发现是，当时巴黎市内的邮政资费标准和其他地区不同，非要类比的话，可以简单理解为电话的资费标准。巴黎市内的邮件，即从巴黎寄到巴黎的邮件，邮资半价，只要10生丁（如果按邮资后付的方式，则为15生丁）。还有一件非常有意思的事，在邮政资费表中，还特别注明了"巴黎市内区域是指巴黎城墙范围之内，以城墙为边界"。1860年，巴黎的城市范围扩大到了梯也尔城墙，巴黎市区从12区增至20区，而这是《巴黎游客钻石指南》出版不久之前的事，其编写实在是细心周到。

中央邮局

在介绍邮局的部分，这本指南上来就提醒各位游客，巴黎只有中央邮局才有"存局候领"[1]业务。对于过去的游客而言，存局候领是非常重要的通信手段。即使出门在外，还没确定住哪家旅店，依然可以通过存局候领的方式来接收信件。指南上殷切地叮嘱我们，虽然巴黎是一个大都市，但也不是随便哪家邮局都有代收服务。

我对存局候领情有独钟。我当年在法国乡下还有意大利各地

---

[1] 写明收件人姓名和指定留存的邮局名称，由收件人按规定到留存邮局凭证领取的邮件。——编注

第三章
来自过去的旅游指南

闲逛的时候，从农民的拖拉机到巡逻的警车都坐过，甚至还有一次下小雪时搭了一位牧师的摩托车，翻过了意大利中部的山口。即使是像我这样四处漂泊的年轻人，他也有家庭、有恋人，而存局候领几乎是他们唯一的联络方式。

您可能会问，不是有电话吗？确实是这样。但我年轻的时候，从欧洲给日本打一个国际电话，可不是一件容易的事。我以前在拉丁区的一家廉价酒店住过，那时我需要打电话到日本，得先走到奥德翁地铁站附近的邮局，在邮局窗口申请拨打国际电话，然后开始等待。不一会儿之后，会有人喊 "Monsieur Miyashita, cabine six（宫下先生，6号电话室）"之类的，说明电话已经接通到日本了。此刻一秒都不可以浪费，我冲进6号电话室，对着听筒快速说完待办事项。

过去，邮局是信息的中转站，起着非常重要的作用。普鲁斯特的《追忆似水年华》中有一段描写让人印象深刻。当时，在诺曼底的东锡埃尔驻防的主人公，从邮局给巴黎的祖母打电话，电话中传出来那既远在天边又仿佛近在眼前的（所爱之人的）声音，被作者称为"无相之声"，可谓一语道破天机，不愧为不朽的经典之作。

是她，是她的声音在同我们说话。这声音近在身边！然而又那么遥远！多少回我听着听着就忧从中来，好像我们即使走很远很远的路，也不可能见到这个声音萦绕在我们耳畔的人；我们感到在这令人心驰意荡的唇耳接触中，在这似乎伸手就能拥抱我们心上人的时刻，实际上离她们有千里之遥，这是多么令人失望啊！这个真实的声音似乎离我们很近，其实却离得很远！它还可能预示着永久的分离！常有这种情况，我听得见声音，却看不见远方跟我讲话的人，就会感到那是从万丈深渊里发出来的绝望的呼叫，一股惆怅忧虑之情就会涌上我的心头……① （《追忆似水年华》第三卷《盖尔芒特家那边》）

仅仅摘录普鲁斯特作品的一部分，会让重要的东西像沙子一样从指间滑落，还要请读者亲自去看，此处不再赘言。现在，我们可以随时呼唤出远方的声音了，但那随之而来的被束缚住的不安，又是怎么回事呢？

言归正传，我们接着聊存局候领。我会事先告诉家人和朋友接下来我要去的地方，比如罗马或者佛罗伦萨，让他们把信寄到那里的邮局存局候领。现在不同于19世纪，不是只有中央

---

① 译文引自潘丽珍、许渊冲译《追忆似水年华》（译林出版社，2022年）。

第三章
来自过去的旅游指南

邮局才有这种业务,但是我对一个陌生城市的邮政情况不熟悉,所以总是让他们把信寄到当地的中央邮局。比如,只要地址写成"存局候领——罗马",信件就会自动被寄送到罗马的中央邮局,那里会帮忙代收。等我到了罗马,第一件事就是直奔中央邮局,在标有存局候领(意大利语为 fermoposta)的窗口排队,通常是最内侧的窗口。出示护照后,工作人员会帮忙取来寄到的信件。这时我总会突然紧张一下,信真的寄到了吗?支付完手续费,便能取走日本寄来的信件。我在巴黎时,经常让索邦附近的邮局帮忙代收信件。(我不记得当时的价格了,前阵子好像是 3 法郎。)

仔细想来,电子邮件也是一个类似的中转系统。邮件先传递到服务器上,然后我们通过互联网接收。查邮件的时候往往既期待又焦虑,说这是**电子时代的存局候领**也不为过。或者恰恰相反,应该说以前的存局候领是超级模拟信号时代的邮件系统。

如果信件还没寄到,去中央邮局时扑了空,那就必须等上几天再跑一趟。我常常嫌麻烦,不会去第二次,直接动身前往下一站,迟来的信件肯定都被处理掉了。(听说现在的邮局会帮忙保管 15 天。)即便如此,以前的存局候领窗口前总是排着很多人。其中有像我这样的旅行者,但更多的是外来务工人员,那种不可思议的感觉至今留存着。

巴黎历史侦探

秘密模式

每个时代都有隐秘的恋情。为了维系这种爱，秘密的联络方式必不可少。比如，艾玛（福楼拜，《包法利夫人》）是怎么做的呢？为了跟情人约会，她让保姆洛丽帮忙传递密信和情书。艾玛服毒自杀后，保姆竟然要求艾玛的丈夫查尔斯支付她的送信费。这可真是把人家推倒在地，还踏上去一只脚啊。早知如此，我看艾玛还不如一开始就用邮局的代收服务。正如巴尔扎克写给汉斯卡夫人的信中所述，存局候领是最可靠的秘密通信手段。

> 请务必用存局候领寄信给巴尔扎克。没有什么比巴黎的存局候领服务更安全、更神圣、更不可侵犯了。就算是收件人的丈夫，也不能擅自收取寄给他妻子的信。而且，邮局只会在没有收件人丈夫陪同的情况下，把信件交给收件人。……巴黎存局候领制度的完美，一直让我信服巴黎人的智慧比其他国家的智慧更优越。（致汉斯卡夫人，1841 年 9 月 30 日）

不过，艾玛到底还是生活在诺曼底的一个小乡村，她用手抚

第三章
来自过去的旅游指南

摸过地图上描绘的巴黎城,但直到临终都不曾亲眼见过。如果她用了乡下邮局的代收服务,肯定反而更惹眼。

下面这个片段里,也提到了将存局候领作为秘密通信方式。不论读多少遍,我都仍会为之感容。

> 我希望你能收到我用玫瑰色信纸写的信,我希望你已经给我回信了。你的信肯定已经到了,明天我会去常去的那家邮局取<u>存局候领</u>的信,我会给你回信的。……不过,我们究竟何时才能走上我们的<u>十字架苦路</u>呢?(1872年4月2日)

这是一封试图唤起他们之间<u>十字架苦路</u>之约的信。对于我,一个曾经把文学当作生活的全部并对其灌注了过多热情的年轻人来说。这封魏尔伦写给兰波的信令我难忘。信的开头写着:"来自丁香园咖啡馆[①]。"半个世纪后,来自美国的年轻作家海明威每天都会去这家咖啡馆。而就在离这家咖啡馆一箭之遥的坎帕涅普雷米耶街,年轻的天才诗人阿蒂尔·兰波,那个前不久还热烈地爱慕着魏尔伦的年轻人,刚刚睡醒。

[①] 丁香园咖啡馆(Closerie des Lilas),成立于1847年,曾接待过海明威、波德莱尔、左拉、塞尚等众多名人的百年小馆。译名及介绍来源:https://demimondetw.com/2015-11-30-26/。——编注

前面提到，魏尔伦惊艳于兰波寄来的诗作，写信邀请这位天才诗人来巴黎，他说："来吧，伟大的灵魂！"然而，兰波的到来使魏尔伦的生活被扰得一塌糊涂，他离心离德，对妻子玛蒂尔德的暴力行为不断升级，玛蒂尔德不得不带着他们刚出生的儿子逃到乡下。这时，魏尔伦一度结束了他和兰波的关系，试图回归平静的家庭生活。然而，他始终无法割舍对兰波的感情，他们二人通过存局候领，秘密地保持书信往来。前面引用的部分中，<u>存局候领</u>和<u>十字架苦路</u>这两处都带有下划线，实在是意味深长。我的脑海中不禁浮现出这样的画面：魏尔伦怀着既期待又忐忑的心情，来到塞纳河右岸维克多尔广场附近的中央邮局，去取那个比自己小10岁的男人寄来的信。

兰波也有自己的难处。他的母亲非常严厉，兰波不能让魏尔伦把信寄到家里。魏尔伦的信一定是寄到了他在沙勒维尔的一个朋友家中。

最终，初夏时分，他们"私奔"到伦敦，开始了同居生活，但是依旧麻烦不断。后来，魏尔伦发誓要与妻子和解，离开了英国。奈何魏尔伦性情优柔寡断，他在摆渡船上写信和兰波诀别，说他想结束"完全由于你的疯狂所致的混乱生活"，可是他又忍不住在最后加上了一句，希望能收到"布鲁塞尔存局候领"的回信。兰波在回信中告诉他，"你和我在一起之后，才第一次拥有了自由","我是爱你的"。于是，魏尔伦给他发了一封带暗语的电报："西班牙志愿军，抵达列日酒店。"然后，两个人开开心心地在布鲁塞尔重聚。好景不长，魏尔伦很快就因为枪击兰波被送进了监狱。他们二人故事的结局也是尽人皆知，以"发生在布鲁塞尔的一幕令人瞠目的喜剧"（小林秀雄）收场。就这样，在兰波和魏尔伦的爱恨纠葛大戏中，存局候领服务也出了几分力。

18 岁以下禁止使用

据说，以前 18 岁以下的人不可以使用存局候领服务，说不定现在依然如此。我了解到这一事实，还要归功于我刚刚当上法语老师时，在地方城市的一个公民讲座上读到的《魔鬼附身》。我还是一个天真无邪的高中生时，就读过这本书的日文译本。玛尔特那句致命的经典台词，"我宁愿跟你受苦，也不愿意跟他得福"，让我大为震撼。我忍不住想，如果有人对我这么说，那该如何是好。

故事发生在第一次世界大战期间。主人公上中学时，与比自己年长很多的有夫之妇玛尔特成了恋人。不久，玛尔特的丈夫雅克从前线回来休假。被迫"禁欲"的主人公要求玛尔特给他寄存局候领的信件，保持联系。

巴黎历史侦探

> 我让玛尔特发誓每天给我写信。为了确保至少能拿到一封信，我等到第四天才去邮局。那里已经存有四封信了。但他们却不给我，因为我缺少一份证明身份的文件。年满18岁才有权使用存局候领服务。而我伪造了我的出生证明，这让我更加不安了。（雷蒙·拉迪盖，《魔鬼附身》[1]）

无论主人公在邮局窗口怎么软磨硬泡，邮局都拒绝把来信交给他。第二天，信被送到了主人公家里。幸运的是，他的家人没有发现来信。他终于读到了心爱的玛尔特的信……

不论是兰波与魏尔伦，还是"我"与玛尔特，挡在他们面前的阻碍，有时会让他们的爱更牢固，有时也会让他们分道扬镳。不过可以肯定的是，在没有电子邮件的时代，存局候领服务是这些恋人不可或缺的通信手段。

---

[1] 结合日文译文，参考程曾厚、沈志明译《魔鬼附身》（上海译文出版社，2011年）。

【专栏】

雷蒙·拉迪盖
《魔鬼附身》(1923年)

故事发生在第一次世界大战期间,巴黎郊区的马恩河畔。主人公是一所中学的学生,他爱上了比他年长的玛尔特。后来玛尔特结婚了,但她的丈夫很快就奔赴了前线,而"我"和玛尔特频繁见面。主人公自我感觉良好,满脑子离经叛道的想法,最终与玛尔特有了夫妻之实。他每天都去见她,很快,玛尔特怀孕了。战争结束,这段不伦之恋也走到了尽头。玛尔特生下一个早产儿后不久就离开了人世。对主人公而言,这场战争不过是一段"长达4年的假期"。

小说中有大量的心理分析描写,全书带有箴言集的色彩。比如,"幸福是利己主义的";"爱情是让人恩惠的懒惰,犹如滋润万物的绵绵细雨";"幼稚天真是不分年龄的,幼稚天真的成年人也不在少数"，等等。

　　让·谷克多①一直非常喜爱和欣赏拉迪盖，在谷克多的努力下，这本书得以出版，但出版不久后，作者就去世了，年仅 20 岁。本书曾多次被翻拍成电影。比如，1947 年的同名电影《魔鬼附身》，由克劳德·奥当·拉哈执导，杰拉·菲利普、米谢林·普雷斯勒主演；1986 年的同名电影《魔鬼附身》，由马可·贝洛奇奥执导，玛鲁施卡·迪特马斯、费德里科·皮萨里斯主演；等等。

---

① 让·谷克多（Jean Cocteau, 1889—1963），法国诗人、作家、剧作家、画家、导演，拉迪盖的挚友，代表作有《可怕的孩子》等。另外，三岛由纪夫在短篇小说《拉迪盖之死》中颂扬了拉迪盖和谷克多，这是他最喜欢的两位艺术家。

照相馆时代

肖像小照

《巴黎游客钻石指南》中列出了 30 家左右的照相馆,它还指出"巴黎有不少照相馆,以其出色的摄影技术,赢得了不可撼动的声誉"。当时,全世界正处于一股照相馆热潮之中。得益于使用玻璃干板①的负片—正片摄影法②,一张底片冲印多张照片成为可能,而名片格式肖像③的出现,更是让人像摄影成为最新流行。一时间,富人和穷人纷纷拥进照相馆。巴黎照相馆数量的急剧增

---

① 表面涂有感光药膜的玻璃片。——编注
② 即火棉胶湿版工艺(wet collodion method)。
③ 名片格式肖像(cartes de visite),即同一张底片在一张相纸上冲洗出相同的多张照片,多用于证件照。

加，正是这一热潮的佐证。1851年，巴黎只有29家照相馆，5年后激增至161家。这还不足为奇。1865年，法国首都巴黎的照相馆竟多达800家，只要你走在街上，就一定能看到照相馆。巴黎以外的城市也差不多，比如利摩日，这个4万人口左右的省级城市中，据说也有十多家照相馆。

城镇和乡村的集市上，还经常有人现场拍照。广场上拉起一块大幕，在一群围观者面前，一名男子先是拿出三脚架和照相机，然后慢慢地掏出一块黑布，看上去有点像魔术师或是江湖艺人。前来拍照的顾客，手里拿着能表明自己身份或职业的东西，摆出神秘莫测的表情和姿势。摄影师会在镇子上停留数日，到处给人拍照，给人解释这种神秘又不可思议的新技术，然后前往下一处。朱塞佩·托纳多雷执导的电影《新天堂星探》讲述了一个关于电影的故事，其中描写了人们受到江湖骗子花言巧语的诱骗，在镜头前摆出各种姿势，不知道自己其实上当了。我小时候也曾对被称作"蓝晒法"的显影魔术非常着迷。不过，自达盖尔银版摄影法出现，摄影就摆脱了这种神秘莫测的江湖把戏色彩。

通过肖像小照，人们不仅可以看到自己，还可以留下有关家人和朋友的回忆，记录下曾经去过的地方。"今后，过去变得和现在一样确切。"（罗兰·巴特著，《明室：摄影纵横谈》）同时，名人照片开始销售流通，包括作家、政治家、歌剧演员、舞蹈家、罪犯，甚至还有拿破仑三世这样的大人物。溴化物的时代拉开了帷幕。

给兰波拍照的摄影师

接下来，我们把自己想象成 19 世纪的游客，一起来看一看《巴黎游客钻石指南》对巴黎照相馆的介绍。指南把照相馆分为"人像""风景和建筑""立体照片""马匹摄影""画廊"等类别，分别进行了说明。

可能大家会觉得很奇怪，居然有一个类别叫"马匹摄影"，而且下面还列举了包括迪斯德里在内的 3 家照相馆。事实上，准确地捕捉马匹奔跑时的四肢动作，是 19 世纪的一大难题。简而言之，就是通过一张张的照片把动作分解开，从而实现运动的可视化。19 世纪中叶，瞬时曝光技术大幅提升[1]，奔跑中的马匹第一次被定格在了照片上。人们发现，原来马在奔跑时，四肢的形态与过去绘画中呈现出来的有所不同。这样一

---

[1] 19 世纪初，拍摄照片需要 8 个小时以上的曝光时间，所以只能拍静物。银版摄影法出现之后，仍然需要 15—30 分钟曝光，不适合拍摄运动动作。直至 1842 年，曝光时间才缩短到几秒。

来，杰利柯①（1791—1824）的名画《艾普森的赛马》，岂不成了虚假的表象吗？由此，围绕艺术与科学、人类认知与摄影认知上的差异，展开了各种各样的讨论和试错。法国生物学家艾蒂安·朱尔·马雷（1830年—1904年）沉迷于钻研一种被称为"计时摄影"的连拍摄影技术。在他拍摄的照片中，充当参照物的也总是奔腾的马匹。指南将**马匹摄影**作为单独的分类，也充分反映出当时马匹在摄影中的特殊地位。

下面，我们来看一下专门从事人像摄影的照相馆。比如，在嘉布遣大道的巴黎大酒店前面，有一家属于纳达尔的超大照相馆。法国早期摄影师费利克斯·纳达尔②以拍摄名人的人像照片著称，他拍过的名人包括波德莱尔、马奈、大仲马以及长期活跃在巴黎的意大利音乐家罗西尼等。还有前面提过的照相馆迪斯德里，它位于意大利大道8号。迪斯德里是1855年巴黎世界博览会官方摄影师，还是拿破仑三世的御用摄影师，曾在自己的照相馆里举办过个人展览。指南中提到的人像摄影师大约有20位。其中，著名插画师贝尔塔③专门拍摄名片格式肖像，这个事实可

---

① 泰奥多尔·杰利柯（Théodore Géricault），法国浪漫主义画派先驱。
② 本名加斯帕德·费利克斯·图尔纳雄。
③ 本名查尔斯·阿尔伯特·阿诺克斯（Charles Albert d'Arnoux），常被称作 Bertall 或 Tortu-Goth。

第三章
来自过去的旅游指南

能让人有点惊讶。不过仔细想来，纳达尔最初可是一位政治讽刺漫画家。这不禁让我想起波德莱尔那句著名的讽刺："摄影业成了一切平庸画家的庇护所。"（《1859年的沙龙》①）

更让人觉得眼前一亮的是，这本指南列出的人像照相馆中，"卡加，拉菲特街56号"也赫然在列（拉菲特街位于奥斯曼大道北端）。1871年，诗人、政治讽刺漫画家兼摄影师卡加（1828—1906），为兰波——如彗星一般在巴黎横空出世，又或者说，像陨石一般轰然坠落的天才诗人，拍下了一张著名的照片。想必是魏尔伦带兰波去的卡加照相馆，因为魏尔伦曾在那里拍过肖像照。照相馆中保存着两张兰波的照片，拍摄间隔并不久。一张照片里的少年兰波还带着不谙世事的稚气，而另一张照片里，他紧抿嘴色、一脸严肃。这侧面证实了天才诗人在这一时期的确发生了巨大的变化。据引领这位神童迈入文学殿堂的中学老师伊桑巴尔说，第一张照片拍得更像。可能在老师眼中，少年兰波一直是个看起来有点倔强的男孩。

拍摄这两张照片的第二年，一群自称"粗人"的新锐艺术家，在面向圣叙尔比斯广场的一栋大楼的二楼召开月度例会。兰波无法忍受听这些平庸的诗人朗读他们拙劣的诗作，心情不佳，连骂

---

① 波德莱尔以憎恨摄影技术著称，他的《1859年的沙龙：现代公众与摄影术》（*Salon de 1859*）为摄影史提供了很多史料，也留下了很多名言。

兰波像（摄影：卡加，两张照片都拍摄于 1871 年，相貌差别之大，让人吃惊）

了好几句"吃屎吧该死的"。而卡加回骂他："别闹了，你个小屁孩！"二人大打出手，来自沙勒维尔的少年用他从魏尔伦那里借来的手杖打伤了摄影师。这件事传遍了整个拉丁区。据说，愤怒的卡加骂兰波是"癞蛤蟆"（意为讨厌的家伙），把兰波照片的底片都扔掉了。前面介绍存局候领时，我引用过魏尔伦暗示十字架苦路的信（1872 年 4 月 2 日），那封信中魏尔伦还写道："卡加的亡灵不会放过你。"

鬼才兰波掀起的涟漪还波及了当时一幅著名的群像画，即方丹·拉图尔创作的《诗人聚会》（1872 年，收藏于奥赛博物馆），其中描绘的正是这群**粗人**。(据龚古尔兄弟[①]说，)诗人阿尔伯特·梅拉特拒绝与兰波和魏尔伦站在一起，他说"不想和皮条客、强盗为伍"。然而构图已经确定，无法更改。这个变故对画家来说，实在是始料不及。画中，"既是天使亦是魔鬼"（魏尔伦诗[②]）的兰波青春年少，和魏尔伦光秃秃的额头形成了鲜明对比。而摆在最右边的花瓶看上去格外突兀，这应该为了弥补梅拉特的缺席而采取的不得以之策。

立体照片热潮

立体照片是用立体相机拍摄的两张稍微错位的照片，透过立体镜观看会呈现出立体的效果。说起来，小时候见到的立体照片是用红蓝两色错位打印出来的，杂志附赠两色镜片的眼镜，左边红色、右边蓝色。我曾兴奋地戴上眼镜欣赏立体照片，不过很快就腻了。当时，有些电影也做成了这种效果，还有传言说，希区

[①] 即哥哥埃德蒙·德·龚古尔（Edmond de Goncourt，1822—1896）和弟弟于勒·德·龚古尔（Jules Alfred Huot de Goncourt，1830—1870）。两兄弟都是法国作家，毕生形影不离，共同创作。

[②] 出自《致兰波》（À Arthur Rimbaud）的第一句，"Mortel, ange et démon, autant dire Rimbaud"。(大意为：可以说，兰波，你是凡人、天使和魔鬼。)

柯克的代表作《电话谋杀案》(1954)实际上是一部立体电影。《电话谋杀案》略有偏色，不知道是否与该效果有关。

当时，立体照片一度风靡于世。据说发明者是一个叫布鲁斯特·戴维爵士的英国人，但没能在英国投入生产。失意之下，他来到法国，与巴黎一位光学师合作完成了这项产品。1851年，他们在伦敦世界博览会上展示了他们的发明，受到维多利亚女王的高度赞赏。从此，名为立体镜的新发明响彻世界。

《巴黎游客钻石指南》中介绍了包括巴尔蒂斯和图尔尼埃在内的5家立体照片照相馆。立体照片需要的专用眼镜，当时价格应该不算太高。此外，还有可以观看立体照片的小屋，不论男女老少，都对镜头另一边的虚拟现实兴奋不已，如同那个用望远镜看到押绘[①]中的女人，便爱上了她的男人（江户川乱步著，《押绘和旅行的男人》）。费里埃苏利耶照相馆曾展出6000多张立体照片，相信当时对立体照片中虚拟现实着迷的巴黎人一定是蜂拥而至。

波德莱尔在这些**照片**中看到了艺术的假象，他认为，照片应该是"科学和艺术的仆人"。虽然他自己也让纳达尔拍摄过著名的肖像照，但他仍然对肖像照和立体照片予以了无情的讥讽。

---

① 押绘（日语为押繪），一种带有立体浮雕感的拼贴画。材料主要为纸、布和棉花等。

第三章
来自过去的旅游指南

他说：

> "因此，给予我们一种与自然一致的结果的那种行业就是绝对的艺术。"一个复仇的上帝满足了群众的愿望。达格雷成了他们的救世主。于是他们心想："……那么，艺术就是摄影。"从这时起，整个卑劣的社会蜂拥而上，像那喀索斯一样，在金属板上欣赏自己那粗俗的形象。……有人集合了一些怪男女，让他们装扮成狂欢节中的屠夫和洗衣女，请这些英雄在操作所需要的时间内继续做着环境所要求的鬼脸，于是人们就自以为再现了古代历史上的悲剧的或优雅的场面。……不久，几千双眼睛伸向双眼照相镜的窟窿，就像伸向无限的天窗一样。对猥亵的喜爱，在人的本性中是和自爱同样根深蒂固的，……请不要说只有放了学的孩子们对这类愚蠢的东西感兴趣，它已经使所有的人都迷恋上了。……上流社会的一位太太，我听见她对那些小心地不让她看到这样的形象的人说："尽管拿来吧，对我是没有什么过分的东西的。"（波德莱尔，《1859年的沙龙》）①

---

① 译文引自郭宏安译《波德莱尔美学论文选（第2版）》（人民文学出版社，2008年）。

诚如《恶之花》的作者所说，女人张开双腿的色情立体照片开始大量流传，刺激着人们心中的淫欲。不过，也有一些专门为儿童制作的立体照片。比如根据佩罗的童话《小红帽》制作的立体照片，其中小红帽由真人扮演，而旁边的狼是石膏制成的。如果在更加茂密的森林中拍摄照片，应该会看上去更加真实。但过去的小朋友可能比现在的更加懵懂天真，想到他们会对着这样一张照片惊讶无比，不禁让人莞尔。说到底，立体照片不过是一种游戏，要是波德莱尔能对立体照片给予更多支持就好了。

第四章

探寻传说中的公共卫生间

秘而不宣的事项

免费如厕方法论

和西方人待上一整天，最令我惊讶的是他们不怎么去卫生间。一起喝啤酒的时候，他们很少起身去"方便方便"，总是安然地坐在那里。对我这种尿频人士来说，实在有点不大"方便"。

漫步巴黎街头，我们往往也会注意与卫生间有关的问题。如果是日本都市中的商场或写字楼，每一层都有干净的卫生间，可以随时使用。车站通常会设置卫生间。不过，巴黎的车站没有卫生间。因为卫生间对法国人来说本就不是对外部人员开放的空间，所以位置都设置在很难找的地方。位于塞纳河畔的法国国家图书馆，从阅览室的座位走到卫生间大约需要5分钟。过程中，你需要推开一扇又一扇沉重的大门，走到图书馆外面，努力找到经过层层伪装的卫生间入口。

巴黎电影院的卫生间也很难找。在日本，我去电影院看电影时，会在开场前先去一趟卫生间，然后再进去找座位坐下。毕竟接下来的近两个小时要集中精力盯着屏幕，相信大多数人都会和我做一样的事。然而在法国，如果按照上面这个思路行动，恐怕很难找到卫生间。如果想着那就算了吧，进场找到座位坐下，这时你会发现，大屏幕旁边竟然有一个"toilettes"（卫生间）的标志。电影放映过程中，去卫生间的观众会从屏幕旁边钻进去的场景十分奇妙。在这方面的空间设计上，法国和日本存在明显的认知差异。

即使有卫生间也不能掉以轻心，这是我的亲身经历。我曾带学生参加过一次法语研修旅行。我们包了一辆大巴，从尼斯出发，准备在戛纳及圣特罗佩等地周游一圈。因为大巴上有卫生间，所以我觉得午餐时喝点啤酒没什么问题，但是后来司机告诉我："我们平时不会带着卫生间的钥匙。"我这才知道，他们尽量不使用难以清洁的卫生间和垃圾桶，还想方设法藏起来。也许这样的做法称得上明智，可我是因为大巴上有卫生间才放心地喝啤酒呀。这对我来说真的是一次沉痛的教训。结果，我们不得不在高速公路的服务区停下来，间不容发的一刻，我终于冲进了卫生间，真真吓出了一身冷汗。

第四章
探寻传说中的公共卫生间

在巴黎，如果急需如厕，大多数人会去咖啡馆里找卫生间。然而，快速走进一家陌生的咖啡馆，借用完卫生间就拍拍屁股走人所需要的勇气可能超出你的想象。玉村丰男先生在他的巴黎街头理论经典著作《巴黎：旅行杂学笔记》（1977年初版）一书中，提出了一套"免费如厕方法论"。他这样写道："走进一家咖啡馆，环顾四周，假装和别人约好要在这儿见面，然后趁人不注意，若无其事地快速来到地下，方便完之后，再若无其事地从咖啡馆走出来……这一方法需要一点演技，还会有点儿尴尬。"

玉村先生说得不假。换成是我会觉得不好意思，总是先在店里找个地方坐下来，若无其事地点上一杯饮料之后，再假装不慌不忙地走去卫生间——结果里面有人，只能站在门口强忍的经历有好几次。玉村先生还推荐了另外一种"聪明的"免费如厕方法。

"先正常地走到一家咖啡馆的收银台旁，对收银员说'Un jeton, s'il vous plait'（请给我一个代币）。然后下楼来到电话室旁边的厕所轻快地解决问题。最后离店经过收银台时把代币退掉。"

现如今，移动电话普及，借助电话专用代币的手法实在是有点过时了。《巴黎：旅行杂学笔记》一书的畅销，让散文作家玉村丰男在日本成了家喻户晓的人物，但不知道他的读者中有多少人尝试过这个换代币的手法呢？当年我读到这里时，觉得他说的似乎有点道理，可仔细一想又觉得不对。要是一个人有胆量尝试这么复杂的手法，那他应该也可以大大方方地直接进去借用卫生间。

模糊的表述，模糊的地点

闲言少叙，下面，我想带大家回顾一下过去的巴黎公共卫生间。法国大革命前，其情况可谓惨不忍睹。梅尔西埃这样写道：

> 街上没有公共卫生间。当人们在人来人往的大街上面临紧急的生理需求时，他们会非常苦恼。他们尝试借用卫生间，结果往往会被当成小偷。（《巴黎图景·公共卫生间》）

以前，人们会在杜乐丽花园等公园的栎树树荫下排队大解。后来这些树被移走了，"一个远道而来出大恭的人一筹莫展"，着实可怜，也着实让人忍俊不禁。大家不得不奔如脱兔地前往塞纳河畔"解决问题"，美丽的河岸随之成为**视觉和嗅觉**的双重毒药。梅尔西埃甚至讽刺说，对医生而言，塞纳河河岸"成了真正可以探知流行病的温度计"。过去巴黎的公共卫生间状况便

第四章
探寻传说中的公共卫生间

是恶劣如斯。

话虽如此,法国大革命前的巴黎也不是没有公共卫生间。把皇家宫殿改造成拱廊街的奥尔良公爵①便在巴黎设置了收费卫生间,费用是2苏即10生丁,含卫生纸。进入19世纪,拱廊街纷纷建成,人们渐渐形成了逛街散步的习惯,对公共卫生间的需求急剧增加,因此,公共卫生间的数量逐渐增多。不过,公共卫生间仍然大众被视为见不得光的存在。前文提到的《巴黎外国人新指南》②中,介绍了酒店、马车以及图书馆和博物馆的开放时间,卢浮宫博物馆的开放时间是周日的10点至16点,每周只开放一天,让人惊讶;书中还介绍了一些拱廊街和租书店。但是,指南中没有任何关于公共卫生间的信息。1816年的《巴黎指南》中虽然提到了公共卫生间,但是被冠上了一个非常含混的名字,"特殊设施"。公共卫生间的位置也被描述得非常含混,类似"薇薇安拱廊街,财政局对面"之类。简而言之,是一种忌惮于直白描述与下半身有关事情的心理。可见,在法国,卫生间是一个"讳莫如深"的地方。

法语中,这种**忌惮**的感觉通过名词的复数形式表示出来,还美其名曰**羞耻的复数**。比如,"卫生间在哪里?"用法语说是

---

① 即路易·菲利普二世(1747—1793)。
② 参见第二章的"游艺剧院的后台门口"一节,及第三章的"存局候领"一节。

"Où sont les toilettes (les W.C.)？"其中,"卫生间"一词必须使用复数形式。这可不是因为卫生间有男女之分,也不是因为卫生间里有很多个马桶或小便池。那么,为什么必须用复数形式呢?是因为如果这种让人**忌惮**的东西有很多个,就可以避免特指。换言之,这是借用分身之术来掩盖其真身。

日语也是一样。我们通常不会直刺刺地使用"便所(べんじょ)"(意为厕所)一词,而是用外来语"トイレ"①,或者"ご不净(ふじょう)""手洗(てあら)い"②等委婉说辞,刻意模糊厕所的概念。相信大家在学校学习英语时,一定学过"bathroom"之类的委婉说法。浴室和卫生间往往在一个房间里,这个说法也不算错。但是把卫生间说成"restroom"(休息室),就完全是在转移视线了,更别提还有直接用"room"(房间)一词的,这种表述实在委婉得让人看不懂了。

与法语不同,意大利语的卫生间(toletta/gabinetto)一词可以用单数形式,不过他们通常会使用"浴室"(bagno)代指。我听说,在比利时的法语区,卫生间一词可以用单数。看来,用复数形式模糊视线是法国的特殊习俗。在这个国家,正如这种模糊的表达方式,无论是大学、政府办公室还是商业写字楼,卫生

---

① トイレ是トイレット的缩略形式,源自英语的 toilet。
② ご不净可以理解为"不洁之处","手洗い"可以理解为"洗手间"。——编注

间的位置都非常难找。

朗布托和穆尔维尔

上文不知不觉变成了法语讲座，让我们把视线拉回巴黎的公共卫生间。巴黎的公共卫生间之父是朗布托伯爵（1781—1869），他在七月王朝时期（1830年—1848年）出任塞纳省省长。作为生态学家先驱，朗布托致力于建设城中的煤气灯和公共卫生间。在他的努力下，1843年的巴黎有多达468处公共卫生间，实在是很了不起的"业绩"。巧合的是，公共卫生间的密度与当时盛行的法国版租书店"读书俱乐部"的密度几乎一致。当时，公共卫生间有多种类型，最为突出的是一种人称"朗布托柱"的细长形卫生间。它的正式名称是韦帕芗，以罗马皇帝韦帕芗（69年—79年在位）的名字命名。相传，这位皇帝设置公共卫生间并征收"尿税"。

朗布托柱采用了一种划时代的创新理念，即把卫生间当作广告牌。以市政厅附近的卫生间为例，上面标有"Parfumerie"的字样，可见是香水广告。在卫生间为香水打广告，感觉哪里怪怪的，让人不知道是该夸还是该骂。卫生间里面也贴着海报，如厕时能看到。据说，在戏剧小屋林立的圣马丁市郊路一带，葱柱形卫生间多达三十处。在如此众目睽睽之下出恭，想必里面的人也很尴尬。

第二帝国时期，拿破仑三世命令塞纳省省长奥斯曼改造城市这一社会机体，旨在打造卫生、美丽、安全的巴黎。宽阔笔直的大路和绿树成荫的林荫道建成了，过去有很多风车的山丘被移平了，很快，沙尔勒·加尼叶设计的巴黎歌剧院出现在了尚未修整的歌剧院大街尽头，各处纷纷建起街心公园。拿破仑三世流亡英国期间，对英国街角的小公园非常中意，他回到巴黎夺回政权之后，马上就在巴黎街头建起了这种公园。

于是，巴黎大变样了。诗人波德莱尔口中那个有着"古老城市的起伏褶皱"的旧巴黎被逐渐抹去，取而代之的是与从前截然相反的完美直线。同时，原本住在巴黎市中心高楼顶层的平民，渐渐被驱赶到了城市的边缘。贫困和污染向城市边缘集中，这是近现代城市的定律。就这样，巴黎城市内部的格局逐渐形成。著有《论消灭贫困》一书的拿破仑三世在城市边缘地带修建了给工人居住的公寓楼，俗称拿破仑城。左拉的小说《小酒店》就是以拿破仑城为原型，描写了住在那里的贫穷工人的苦难生活。（详见拙作《阅读之都巴黎》，美篶书房出版）左拉的小说我们后面再聊，这里先来看一看下面这首小诗，作者是奥斯曼城市改造计划的反对者查尔斯·克罗（1842—1888）。

第四章
探寻传说中的公共卫生间

房子被拆毁了。

我拥有过你的灵魂和肉体的

我们的爱巢也被毁了。

我美丽的爱人啊。

但我总是能看到它,

西方明亮的天空中,那颗被销毁的彗星。

石头、水泥、钢铁,全都崩塌吧!

爱是永远不会被忘却的。

尽管去拆毁房屋、

去更改季节的变换吧

就让我溺死在这骄奢淫逸之中。

但是,有一件事是你做不到的。

你无法抹去她的吻痕。

因为,那永存于我的心中。

(《献给前塞纳省省长奥斯曼先生》)

巴黎历史侦探

公共卫生间和无味卫生间

巴黎成功转型成为清洁都市，作为其标志，一种全新的公共卫生间出现了，摄影师查尔斯·马维尔将这种现代城市的地标定格在了照片中。序言中曾提到马维尔的名字，他早年是小有名气的插画师，后转行为摄影师，获得了"卢浮宫摄影师"的殊荣，成为巴黎官方认证的专业摄影师。马维尔受巴黎市长所托，拍摄了现代巴黎的各种基础设施，其中最具代表性的非公共卫生间莫属。

从马维尔拍摄的众多卫生间照片中挑出几张来看看，即使只是公共卫生间，也有各种各样的类型。有二人间，也有六人间，都被钢板围住，有的遮了建筑中段，有的像装甲车一样被武装得严严实实，颇花了些心思设计。不过，公共卫生间最关键的一点是，从外面能看到出恭者的脚，这点后文详叙。

翻开 1863 年版《蓝宝书》，可以看到这样的描述："在巴黎，市场附近和桥下等处都有免费的公共卫生间。为了保持清洁，这些场所都在严密的监控之下。尽管如此，大多公厕仍然让人避之不及。"

换句话说，《蓝宝书》是在告诉我们，公共卫生间脏到无法

第四章
探寻传说中的公共卫生间

使用。那该怎么办呢？指南上建议使用收费的"无味卫生间"，价格为5、10或15生丁不等。无味卫生间维护良好，可以放心使用，应该是每天都有保洁阿姨或类似人员打扫。如今巴黎快要见不到的"dame pipi"①，即"卫生间管理阿姨"或许便是来源于此。

下面，我来介绍一下当时巴黎主要的无味卫生间所在地。（另外，为1867年巴黎世博会专门制作的导览中，列出了无味卫生间的位置，包括塞纳河右岸的20处和左岸的8处。）为了我们可以在紧急情况下不手忙脚乱，请大家以19世纪旅行者的心情，务必牢记以下信息。

皇家宫殿：博若莱廊街和法兰西喜剧院附近。

香榭丽舍大道：面向凯旋门的右侧。

拱廊街：德洛姆拱廊街4号，全景拱廊街，茹弗鲁瓦拱廊街，歌剧院拱廊街，维侯多达拱廊街46号。

公园等：杜乐丽花园，卢森堡公园，植物园。

广场：圣叙尔比斯广场，巴士底广场（都是5生丁，比较便宜）。

---

① 中文直译为"小便女士"。

车站：东站、北站、东站（即现在的圣拉扎尔火车站）、里昂站、奥赛车站（即现在的奥赛博物馆）

可见，无论是车站、公园、拱廊街，还是闹市区，都有收费的无味卫生间等待游客大驾光临。当然，马维尔也如实地拍下了这些包厢式的收费卫生间。下面这张照片拍的是位于圣叙尔比斯广场的收费卫生间。因为标有"无味卫生间，5 生丁"的字样，应该是当时最便宜的一类。5 生丁约合 40 日元，与巴黎现在的收费卫生间"sanisette"（指投币后方可使的路边流动公共卫生间，费用 2 法郎）差别不大。另一张照片是位于玛德莱娜广场的收费卫生间，费用为 15 生丁，贴着墙纸还有鞋子的海报。因为标有"Water Closets"（水柜）的字样，所以应该是冲水式卫生间。这让我不禁想到很久之后（1923 年）大杉荣写的一篇著名散文，题为《巴黎的卫生间》。大杉没有办法在酒店脏兮兮的卫生间里大解，他跑到街上花 50 生丁，进了一间原本只要 20 生丁左右的**收费街头卫生间**，在那个冲水式卫生间里，他总算是神清气爽地解决了个人问题。

以上，我们简要地回顾了一下巴黎公共卫生间的历史，这些卫生间基本上都是男士用卫生间。所有国家都一样，不论过去还是现在，女性在公共卫生设施方面一直受到不公平的对待。很长一段时间里，女性专用公共卫生间并不存在，好像女性压根儿没有这种世俗的生理需求一样。普鲁斯特的《追忆似水年华》中，女佣人弗朗索瓦丝曾抱怨过因为缺乏女士用公共卫生间而带来的不便（《第7卷·重现的时光》）。直到20世纪，女士用公共卫生间才真正出现。据说，最早的公共女卫生间建设于1905年，在玛德莱娜广场的地下。

"朗布托柱"进化论

接下来，我们看一看公共卫生间作为广告牌的功能。进入第二帝国时期之后，公共卫生间的外观更加完善，往往装饰有铁制的遮罩，不过仍然只有男卫生间。所以，不管公共卫生间外墙上贴了多少香水广告，女士们盯着那里看都不大合适，难免会被认为不知羞耻、不懂避嫌。把公共卫生间作为广告媒介确实有点儿尴尬。

1868年前后，出现了纯粹的"广告牌"，即如今巴黎街头仍然非常常见的"莫里斯海报柱"（莫里斯原本是一家剧院海报制作公司），画家佐伯祐三（1898—1928）的作品中常有描绘。可以说，莫里斯海报柱不过是将公共卫生间的广告牌功能独立出来，简直算是公共卫生间的小弟了。

巴黎历史侦探

聊到这里，相信在巴黎街头闲逛过的朋友，脑海中可能会浮现出另一个塔柱的形象。这种塔柱上贴着一种名叫玫瑰香水的香膏海报，看上去像是莫里斯海报柱。但是，莫里斯海报柱呈圆柱形，而照片中的塔柱过于有棱有角且张贴的广告很少。继朗布托柱和莫里斯海报柱之后，这一时期出现在巴黎的第三种塔柱，究竟是什么呢？

答案是报刊亭，出售报纸和杂志的摊位。几年前，我住在圣安托万街区的小阁楼，我那时每天都从一个亚美尼亚人那里买报纸，照片中拍摄了他的报刊亭。我惊讶地发现，虽已过去了一个半世纪，但报刊亭的外观毫无改变。不仅屋顶，连塔柱的整体设计和顶部鳞片状的图案也几乎完全相同，实在让人叹服。探访巴黎的街道，我们会重新认识到一种蕴含于缓慢变化中的连续性。正因如此，我才欲罢不能。

现在的报刊亭（拍摄于圣安托万街区）

公共卫生间、莫里斯海报柱、报刊亭，还有随处可见的街心公园。这些城市地标都是由一个名叫加布里埃尔·达维乌（1824—1881）的人设计的。圣米歇尔广场的喷泉和沙特莱广场也出自他的手笔。在拿破仑三世时期的巴黎城市改造中，这位建筑师为建设优雅的巴黎城市景观做出了巨大贡献，值得我们铭记。

巴黎官方摄影师马维尔用图像的形式，把达维乌的小小丰碑一一记录下来。马维尔照片中的公共卫生间和报刊亭处于构图中心位置，但景别①不会切得太近，始终保持着一种克制的感觉。马

带公共卫生间的广告牌

带电话亭的广告牌

---

① 指焦距一定时，摄影机与被摄体的距离不同，而造成被摄体在摄影机录像器中所呈现出的范围大小的区别。——编注

维尔的照片极其写实，或者说，几乎让人意识不到拍摄者的存在。可能正因如此，这位长年拍摄"证件照"的摄影师有时会被过分低估。但我非常欣赏马维尔排除主观要素、贯彻客观记录的摄影风格。

听说这种绿色的柱子，最近又发生了新的变化。时隔150年，广告牌和公共卫生间的功能再次合并。不仅如此，据说还出现了带有公共电话功能的莫里斯海报柱。这种新型广告牌的数量还很稀少，大家在巴黎街头散步时可以留意一下。巴黎的广告牌与卫生间、报刊亭、电话亭等各种媒介相融合在了一起，依旧保持着活力。这些绿色的建筑物将是迷人的巴黎市永远不可或缺的风景。

作为文化遗产的卫生间

上文始终在谈论19世纪巴黎的公共卫生间，21世纪初的巴黎街头，我们还能见到这些不朽的纪念碑吗？

多年前，我第一次到巴黎留学时，巴黎街头还偶尔能见到俗称"escargots"[①]的二人间公共卫生间。这种充满怀旧色彩的建

---

① 原意是蜗牛，因这种公共卫生间的造型酷似蜗牛而得名。

第四章
探寻传说中的公共卫生间

筑，依然发挥着它的功能。后来，作为必然的趋势，男女通用的公共卫生间增多。如今，投币式付费公共卫生间普及开来，想必 19 世纪的公共卫生间已然绝迹。

又或者，说不定它们作为"文化遗产"被保留下来了？我询问了住在巴黎的学生和熟人，踏破铁鞋，四处寻访。功夫不负有心人，终于让我找到了两个"活化石"。

其中一个就是照片中的这个卫生间。大家能看清它后面的是

阿拉贡大道（后面是桑特监狱）

什么建筑吗？那是桑特监狱，经常出现在从前的黑色电影[①]中。不知是何原因，阿拉贡大道上竟然保留着这样一个免费公共卫生间。这个位置，旁边往来的车辆可以把卫生间里面看得一清二楚，所以除非真的很急，否则大概没人有勇气用这个卫生间。据一位消息灵通的巴黎朋友说，这以前是出租车司机专用的卫生间。

另一处是我心血来潮之下的偶然发现。当时，我前去位于帕西的巴尔扎克故居，不巧已经闭馆，我索性沿着一条从未走过的路往南走，碰巧在地铁 10 号线的米拉波站前发现了它。我实在太激动了，以至于效仿小狗的标记仪式，进去使用了一次这个公共卫生间作为纪念。这还不足以抒发我的激动心情，我又像小狗一样围着卫生间转了一圈又一圈。报刊亭里的小伙子奇怪地望着我，我指了指旁边的卫生间，他便笑了。看来，他们也很清楚这个卫生间的历史价值。

公共卫生间的普鲁斯特式用法

就像前面的拱廊街之旅一样，在巴黎卫生间之旅的最后，依

[①] 一种电影风格，通常较为晦暗，多为侦探或犯罪片，有强烈的表现主义视觉风格，由法国电影评论家尼诺·弗兰克（Nino Frank）于 1946 年首次提出。——编注

第四章
探寻传说中的公共卫生间

米拉波地铁站旁边

旧让我们一起走进法国文学的世界里看一看。在普鲁斯特的《追忆似水年华》中，盖尔芒特公爵在公共卫生间的缔造者塞纳省省长朗布托本人面前，不小心使用了朗布托柱这一俗称，让对方大为光火。(鉴于故事的时代背景，似乎应该是指省长的孙子"朗布托先生"。)另外，一位膳食总管"比信仰更坚定地"相信着，pissotière（男士用公共卫生间）应该称作 pistiere（小便池），他这样说道：

德·夏吕斯男爵先生长时间待在小便池里肯定是因为

他得了一种病。这就是一个老色鬼的下场。他还穿着长裤。今天早晨，夫人派我去纳伊买东西。在勃艮第街，我看见德·夏吕斯男爵先生走进了公共小便处。一个多小时之后，当我从纳伊回来时，我在同一个小便处，在老地方又看见了他的黄裤子，他总是待在中间好让别人看不见他。(《追忆似水年华》,《第五卷·女囚》。)[1]

鉴于夏吕斯"待在中间"，他去的似乎是可供三人使用的公共卫生间。所谓顾头不顾尾，卫生间的外墙只能遮住上半身，脚是露出来的，才能看到夏吕斯男爵黄色的裤脚。仔细想来，即便是现在，欧美大多数公共卫生间，门的下半部分也是空的，实在令人惊讶。据说这一设计是为了防止卖淫等犯罪。(作为有效使用这种结构的一例，美国电影《目击者》中费城火车站卫生间的场景让人印象深刻。)

那么，夏吕斯男爵生的是什么病呢？对于熟悉《追忆似水年华》的朋友来说，问题的答案显而易见。夏吕斯对女人没有兴趣，他得的是"追逐男人屁股"的病。经营男性性爱旅馆的絮比安被男爵盯着看的时候，他是怎么做的呢？"抬起了脑袋，给自

---

[1] 译文引自许渊冲、周克希、徐和瑾、李恒基等译《追忆似水年华》(译林出版社，2012年)。

第四章
探寻传说中的公共卫生间

己平添了一种自负的姿态，怪诞不经地握拳叉腰，翘起屁股，装腔作势，那副摆弄架子的模样，好似兰花卖俏，引诱碰巧飞来的熊蜂。"①（《追忆似水年华》，《第四卷·索多姆与戈摩尔》）

我个人认为，膳食总管说的那段话，是在暗示夏吕斯经常去公共卫生间钓男人。夏吕斯的原型是罗伯特·德·孟德斯鸠，他体现着 19 世纪 60 年代末的颓废风潮，而这位男同性恋者当时就住在讷伊②的高级住宅区，现在这里居住了很多日本侨民。此处出现讷伊这一地名，难道是普鲁斯特有意为之的吗？

无意识的记忆

说到普鲁斯特和卫生间，书中还有一个令人难忘的片段，即主人公少年时期在香榭丽舍花园的情节。主人公体弱多病，不能外出旅行，也不能去听歌星拉贝玛的演唱会，他唯一的乐趣是在梦中前去香榭丽舍公园这一**儿童的社交场**与希尔贝特邂逅。有一次，年少的主人公跟着一个女仆进入一座绿色的建筑，"很像废置不用的、老巴黎征收处市税的哨亭。……英国人称作盥洗室，而法国人一知半解地追求英国时髦，称它为'瓦泰尔克洛泽（wa-

---

① 译文出处同前。
② 讷伊（Neuilly），巴黎北部一地区。

ter-closets)'"。① (《追忆似水年华》,《第 2 卷·在少女们身旁》)这个绿色的建筑不是别的,正是收费的冲水式公共卫生间。

主人公闻到卫生间潮湿的墙壁散发出的霉味,产生了一种难以描述的快感,或者说是一种"可以信赖的、牢固的乐趣"。其实,这种阴凉的霉味,让少年下意识地想起了他外叔祖父阿道夫在家乡贡布雷的小房间里的气味,并与山楂的气味相重叠。收费公共卫生间的霉味成了"无意识的记忆"的引线,实在非常独特。书中对卫生间管理阿姨的描写也非常有趣。一个戴着红棕色假发、脸涂得像小丑一样白、人称"侯爵夫人"的老妇人,负责管理这栋建筑。主人公在外面等待女仆弗朗索瓦丝出来时,老妇人打开卫生间的门,说了一句"进来吧,免费的"。老妇人说,8年来,有一个人会在每天的下午 3 点过来,在卫生间里看上 30 多分钟的报纸。只有一天他没有来,是他妻子去世的那天。"侯爵夫人"对来这里的客人非常挑剔,如果有衣着不整的客人来,她会告诉他们已经满员了。我猜,过去肯定有不少收费卫生间和这里一样,门槛颇高。后来,主人公的祖母在香榭丽舍大街的一个卫生间里,因突发心脏病去世了。

《追忆似水年华》的各个故事节点上,这种绿色的卫生间都

---

① 译文引自许渊冲、周克希、徐和瑾、李恒基等译《追忆似水年华》(译林出版社,2012 年)。

第四章
探寻传说中的公共卫生间

充当了重要的角色。而它依然健在，位于小皇宫附近一条名为**马塞尔普鲁斯特人行道**的绿荫小路上，实在让人欣慰。从形状来看，它和第二帝国时期那种收费 15 生丁的卫生间惊人的相似。这样看来，巴黎世博会指南（1867 年）中介绍的位于"香榭丽舍大道，面向凯旋门的右侧"的无味卫生间，应该也被完好地保留了下来。如果有机感受一下这种建筑的霉味，说不定，你也会像《追忆似水年华》的主人公一样，心中涌现出一些回忆深处无意识的记忆。

《追忆似水年华》中的绿色卫生间（马塞尔普鲁斯特人行道，香榭丽舍－克列孟梭地铁站）

第五章
充满回忆的马恩河

《小酒店》里的时空

好酒、坏酒

18 至 19 世纪，手艺人和普通劳动者通常按周领工资。他们辛勤劳作一整个星期后，会在星期六领到报酬。不少人拿到钱就跑去附近的酒馆喝得酩酊大醉，享受放飞自我的感觉。当时，迎合这一群体的小酒馆在巴黎随处可见。作家左拉曾写道，城郊贫民区的每两栋建筑里就有一栋是酒馆，这个说法或许并不夸张。有统计数据显示，19 世纪末的巴黎平民街区，5 条街里就至少有两家提供酒精饮料的店铺。

因为周末饮酒过度而不想工作的人，星期一会继续拉帮结伙地泡在酒吧里。梅尔西埃也说过，"人民的贫穷是由于他们星期一还在酒吧消费"。(《巴黎图景》)这种翘班行为被他们美其名曰

"神圣的星期一",在手艺人看来甚至算是一个美德。不过,他们还惦记着周末领工资,所以会在星期二带着宿醉去工作。为了完成工作指标,他们会拼命干活儿到周末。

既然前面提到了左拉,那就让我们以《小酒店》的主人公古波为例。建筑工人古波每两个星期领取一次报酬,他勤劳又滴酒不沾,"从不喝醉,工资都带回家"。但也有时候他无法拒绝朋友邀请,因为劳工们要通过轮流请客的方式来联络感情。古波向来只喝甜美的黑加仑开胃酒,大家揶揄他为"黑加仑男孩"。古波和洗衣女工绮尔维丝一起住在一家廉价旅馆(加尔尼),二人努力工作攒钱。然而,古波从房顶坠落摔伤之后完全丧失了工作的热情。他厌倦了"像猫一样在阴沟里跑"的工作,沉迷于酒场。后面的悲惨结局,相信读过这部长篇小说的读者都印象深刻。古波快速陷入酒精的深渊,最终因酒精中毒丧命。《小酒店》是一部描写酒精中毒的杰作。

古波刚刚学会喝酒时,曾这样说。"酒馆这地方其实没那么糟糕。我很愿意与朋友们进酒馆里喝一杯,说几句笑话,坐五分钟,倒还不错。……难怪以前大家取笑我,一两杯酒是杀不死一个大男人的……而且我只喝葡萄酒,从来不喝白兰地[①]。"俗话

[①] 直译为"生命之水"(eau-de-vie)。白兰地是葡萄蒸馏酒的统称,法语中这个词指的其中蒸馏后杂质较少,无色透明的那一类。此处译文引自王了一译《小酒店》(上海三联书店,2015年)。

第五章
充满回忆的马恩河

说，酒乃百药之首，适量的酒精对健康有好处。值得注意的是，酒有着"好酒"和"坏酒"之分，可以喝葡萄酒却不能喝酒精浓度高的白兰地。后来，法国税法也将葡萄酒规定为**健康饮料**。

如果想要小酌一杯**好酒**，过去的**酒商酒馆**① 不失为一个好去处。《蓝宝书》中如是写下：

> 关于酒商酒馆，没有什么可说的。只有工人、跑腿的和车夫才会进出这种地方。在郊区合并之前，巴黎有 4000 多家小酒馆和饮品店。巴黎城市规模扩大之后，数量肯定又增长了。
>
> 除酒商酒馆，还有利口酒酒馆的存在，出入此处绝对算不上有品位。利口酒酒馆出售白兰地浸泡过的水果、各种利口酒、白兰地、朗姆酒、苦艾酒等。

同时，一种歧视性的观点认为，绅士淑女应当在**咖啡馆**饮酌，区区酒商酒馆之流不过是大排档。咖啡馆原是知识分子精英阶层聚集的场所，启蒙运动的新思想也由此传播开来。如第 3 章中介绍的《巴黎游客钻石指南》所指出的，当时咖啡馆价格偏

---

① 酒商酒馆（marchand de vin），参见第 3 章第 1 节最后。

高，还有支付服务生小费的规矩。普通人通常会去门槛更低的小酒馆。

指南中不建议游客去提供烈性酒的利口酒酒馆，而小说《小酒店》的故事便发生在这样的地方。小说中，哥伦布伯伯开的"醉鬼酒馆"，正是出售（主要由苦艾制成的）苦艾酒等的利口酒酒馆。后来，酗酒逐渐成为一种社会危害，反对饮酒的声音不断。20世纪后，法国出台了苦艾酒禁酒法等相关法令。然而，在制造商的强烈反对下，茴香酒等酒精含量低于45%的利口酒，最终被允许售卖。就这样，茴香酒彻底成为19世纪末的"绿色精灵"苦艾酒的继任者。无论东方还是西方，酒精和烟草的监管之路似乎都充满了险阻。

农贸市场和拾荒者

咖啡馆逐渐成为更大众的场所，街里街坊一边在吧台喝着咖啡或葡萄酒一边聊天。随着咖啡馆的平民化，酒商酒馆这种小酒馆迅速销声匿迹了。

不过，巴黎还有几家店仍然保留着当年酒商酒馆的氛围。让我们一起去看看位于圣安托万街区的"红男爵"（最近的地铁站是8号线的勒德吕罗林站），只有内行才知道的这家酒馆氛围很

第五章
充满回忆的马恩河

好。正好,我们可以顺道去附近的阿里葛莱路逛一逛早市。

阿里葛莱路两侧排满了摊位,热闹非凡。我以前住在这附近,经常来买东西。我爱吃的生菜10法郎能买三四颗,比超市便宜一半。不过,生菜出人意料的难以保存,独居者很难全吃完。

作为全巴黎最热闹、最便宜的著名农贸市场,不少人慕名远道而来。阿里葛莱广场上还有一个带遮阳棚的固定市场,出售火腿、奶酪和蔬菜。广场的另一半被旧货市场占据着,出售旧衣服和旧工具。之所以旧货市场至今都保留着,有一个历史原因。阿里葛莱市场原本设在附近的圣安托万修道院——现圣安托万医院——门前,后来迁至此处。修道院允许商贩在门口经营露天市场,前提是他们必须保证以低廉的价格将旧衣物出售给穷人。这个约定在如今的阿里葛莱广场上依然有效。低廉的价格和回收再利用的精神,是阿里葛莱市场创办的初衷。

阿里葛莱市场午后不久闭市,对于看客来说,接下来的可能才是早市的重头戏。商贩把水果蔬菜的残次品和边角料连同木箱一起扔到街上,然后转身就跑。真的是字面意思的"转身就跑"。最先赶来的总是广场上的鸽子,它们带头捡拾残羹冷炙。然后是附近不太富裕的居民,还有街头流浪者,人们陆陆续续现身。苹果、梨、胡萝卜之类能吃的东西四散各处。清洁车到达前的 15 分钟至关重要，人们把战利品一个接一个地装进超市的购物袋里。多亏有这些东西，他们才活得下去。圣安托万修道院门前市场的慈善精神，在这里延续着。作为一个旁观者，我不禁有些感动。我虽然在广场上拍了很多照片，但是作为一个拘谨且没有经验的摄影师，是注定拍不出什么好照片的。我强烈建议大家去看一看杜瓦诺的杰作，他拍摄了旧中央广场（巴黎大堂）上的拾荒者。虽然我照片拍得不好，但是在拾荒方面绝对不落人后。我在这里捡过两个装生菜的箱子，用胶带粘了粘，用来装书刚刚好。

阿里葛莱路的农贸市场（午后闭市）

第五章
充满回忆的马恩河

拜访红男爵

参观完农贸市场，接下来让我们去前面一箭之遥的**红男爵**看看（Le Baron Rouge，位于泰奥菲勒鲁塞尔路1号）。我初次听到这个名字还以为是指电影《红气球》（*Le Ballon Rouge*）。当我看到店门口红布帘旁边挂着的牌子时，我惊讶不已。原来不是 Le Ballon Rouge，而是 Le Baron Rogue，即著名的德国王牌飞行员里希特霍芬的别名。这位飞行员看起来和宫崎骏动画片《红猪》里的飞行员很像。难道说，《红猪》里的波鲁克·罗梭是以现实生活中的飞行员"红男爵"为原型的？

葡萄酒酒吧"红男爵"

红男爵的饮品基本只有葡萄酒，小吃的种类也算不上丰富，值得推荐菜品有一道科西嘉风味拼盘。美味的火腿和香肠配上足量肉酱，味道不错。尽管如此，无论什么时候去红男爵，你都会发现一群常客在吧台前挤来挤去，当成桌子用的大酒桶周围也乌泱泱地围满了人。大家举着酒杯，畅饮聊天，热闹非凡。虽然店里也有一些座位，但大多数人还是习惯站着喝酒。

　　需要强调的是，这家店是字面意义上的酒商，按重量出售酒饮。你可以选自己喜欢的葡萄酒，让店员用容量为一升的瓶子从木桶装酒，然后带回家。喝完之后，你可以把瓶子带回来，再打一瓶。听说，现在这种一升的葡萄酒瓶本身就是个稀罕物，值不少钱。酒商酒馆原是卖酒的店铺，人们喜欢买到酒后站在店门口大口畅饮，与早年的日本酒馆有些类似。日本的酒馆有一个颇为风雅的习俗，叫作"角打（かくうち）"，意思是在店门口把一杯清酒一饮而尽。不难看出，从前卖酒的店铺和酒吧是一体的。

　　说到一体，还有个更有趣的例子。走进巴士底后街，你会发现这样一家店。招牌上写着"木柴、煤炭、葡萄酒和利口酒"。这种燃料加酒精的店名，至今仍可以在巴黎街头看到。我猜，这些店以前肯定是出售生活必需品的**百货商店**。我突然想起左拉的长篇小说《萌芽》，文中出现过法国北部矿区的矿工梅格拉经营的煤矿商店。在这家店里，肯定有人一边在吧台喝着酒，一边侧

第五章
充满回忆的马恩河

曼多尔路上的酒吧"木柴、煤炭、葡萄酒和利口酒"

身看着前来购买柴火和煤炭的顾客。不过,这家名叫"木柴、煤炭、葡萄酒和利口酒"的店已经不再出售燃料了,现在只是一个酒吧。

要说红男爵的冬季特产,非周末的新鲜牡蛎莫属。卖牡蛎的大叔会当场帮忙开壳。T先生是这家店的常客,他经常和伴侣同去,一边大口大口地吃着牡蛎,一边感慨"哦,太好吃了",想必十分美味。但我只能端着酒杯看着他们吃,作为在东京和巴黎有着吃生蚝吃坏肚子的悲惨经历的人,无论生蚝有多么美味,都恕我不能奉陪。不过抛却个人因素,我还是非常推荐大家在冬天的周末去红男爵尝一尝生蚝的滋味。

巴黎历史侦探

公共洗衣房

看过了怀旧气氛浓厚的葡萄酒酒吧，回程路上顺便去不远处的科特街看一看，会发现一处照片中这样的建筑，路人见怪不怪地从旁经过。该建筑是雷诺阿市场的大洗衣房（雷诺阿市场是阿里葛莱市场的旧称）。洗衣房本身已被拆除，内部空空如也。宛如摄影棚布景的洗衣房正面墙壁保留着，徒留遗憾的空壳。但是，或许不久之前，附近的家庭主妇还是在此处一边洗衣服，一边开心地聊着家长里短。公共洗衣房对19世纪的巴黎来说是一道不可或缺的风景。1850年，这样的洗衣房在巴黎多达100家，连塞纳河上都漂着洗衣船。

雷诺阿市场的大洗衣房（建筑物的主体已经被拆除）

第五章
充满回忆的马恩河

我是从左拉的小说《小酒店》中了解到公共洗衣房的。书中说，洗衣房的女主人坐在前台，我猜测法国公共洗衣房可能和日本的公共澡堂差不多。费用为1小时15苏，还需要花15苏买一桶热水，也和日本公共澡堂里的女浴室需要另付钱买洗发水一样，很是有趣。作者对这一部分的描写生动形象、活灵活现，刻画出了个性各异的女性群像，下面是其中一个片段。

> 绮尔维丝走过的时候，向那女人要了她的捣衣杵和刷子——这是她上次洗完了衣服时交给她收管的。后来她又取了她的号码，然后进场。……有些地方也有烟升起，渐渐展开，形成一幅淡蓝色的布幕，笼罩着整个敞厅。……有时候还有漂白水的浓烈气味。沿着捣衣处的中央走道的两旁，有一队一队的妇人在那里，从胳臂到肩头都赤裸着，胸也裸着，裙子收短了，露出有颜色的袜子和用带系着的粗大的鞋子。她们狠狠地捣打，一面笑着，仰起身子为的是在喧哗里嚷一句话，平时却把身子俯在她们的水桶上；她们的话很下流，举动很粗鲁，很不检点，身上透湿得像是遇了骤雨，肌肤发红而且冒出热气来。①

---

① 译文引自王了一译《小酒店》（上海三联书店，2015年）。

当时，绮尔维丝的情人郎第耶和阿黛儿搞到了一起，绮尔维丝在洗衣房和阿黛儿的姐姐维尔吉妮大吵起来。雷内·克雷芒执导的电影《小酒店》中，这一幕也堪称最精彩的场面之一。我猜，我们面前这家公共洗衣房里，以前肯定也经常上演这种闹剧。

如今，巴黎的给水和排水状况得到了大幅改善，家家户户通上自来水，洗衣机也算不上什么贵重的物品了，作为19世纪民俗文化象征的公共洗衣房肯定早已销声匿迹。这样一来，即便只留有一个空壳，雷诺阿市场的大洗衣房也成了珍贵的回忆之地，算是我在巴黎漫步之旅中得来的小收获。

小说《小酒店》的真实舞台背景并不是这个街区，而是巴黎北站后面的黄金滴街区（La Goutte d'Or）。但圣安托万街区保留着酒商酒馆和公共洗衣房的痕迹，让我得以一窥《小酒店》中的时空，所以我非常喜欢这里。

马恩河畔沉思

郊区的舞厅酒馆

继续从左拉的小说《小酒店》说起,下面,我们来看一看主人公绮尔维丝和古波的婚宴。

> 他预备在教堂路奥古斯特所开的银坊酒楼里请客,是一场小小的聚餐,每一份只预备用五个法郎。奥古斯特是一个小酒商,他的酒价很公道,他的店后院子里的三株槐树下面有一个小小的跳舞场,在二楼请客,一定好得很。①

---

① 译文引自王了一译《小酒店》(上海三联书店,2015 年)。

此处做一个注解。上文中提到的宴会，法语原词是 pique-nique，最初的野餐（picnic）不一定非要在野外，只要大家自带东西一起吃喝就行。

这部长篇小说有意识地使用了很多工人阶级的俚语。比如，可以在吧台一口气喝光的葡萄酒叫作"canon"（大炮），还有前面提到的"神圣的星期一"也是这类俚语。小说中，酒吧**银坊酒店**被称作 bastringue（大众酒馆）。巴黎市区外面那些竞争激烈的才是舞厅酒馆，即 guinguettes。这部长篇小说故事的前半部分发生在巴黎一共还只有 12 个区的年代，从入市税征收处所在的渔船城门出来就是拉夏佩尔大道，银坊酒店就在这里。位于城外的银坊酒店不用交酒税，喝酒很便宜。

银坊酒店这个名字也很有意思。前面的章节中我们提到，随着城市化浪潮的袭来，巴黎市郊山上的风车一个一个地停止运转。从风车变成郊区酒吧，正是风车转型的经典模式。巴黎著名的观光景点**红磨坊**，便是活生生的一例。

顺便一提，我不太确定 guinguette 一词的词源。ginguet 意为"变酸的酒"，或许大多数人会觉得这个词看上云与 guinguette 关系最近，但词源词典给出了不同的解释。城门酒馆位于饮酒免税的巴黎城门外，人们欢快地喝酒吃饭，跟着音乐跳舞，发泄着平日积攒的情绪。现在来看，其实是一个兼具郊区

第五章
充满回忆的马恩河

餐馆和俱乐部功能的娱乐场所。然而，欢乐的节日氛围有时会突然变质为骚乱；郊区酒吧的娱乐有时会突然突破常规，演变为罢工游行。包含这些含义的 guinguette 一词，是 19 世纪巴黎民俗文化的标志性符号。

言归正传。绮尔维丝和古波的婚礼当天，在银坊酒店举办的宴会正酣。桌上上了一道清炖兔肉，古波见了开玩笑说：

> "喂，伙计，这是一盘猫肉，这个……我还听见猫叫呢。"
>
> 他说了之后，果然有一阵猫叫的声音，叫得十分逼真，竟像从盘子里传出来似的。这是古波用喉咙做的，他的嘴唇并不动弹。他在酒席上专会做这种受人欢迎的把戏，所以他每次在外面吃饭一定叫一味兔子肉。后来他又哄哄地做猫儿喜悦的声音。那些妇人都用饭巾掩着脸，因为她们笑得太厉害了。
>
> 福公尼耶太太要一个兔头；她只喜欢吃头。[①]

兔肉是郊外舞厅酒馆的特色菜。在让·雷诺阿执导、改编自莫泊桑同名短篇小说的著名电影《乡间一日》（1936 年）中，杜

[①] 译文引自王了一译《小酒店》（上海三联书店，2015 年）。

弗一家于塞纳河畔野餐，在廉价的大众餐厅点了炸鱼和炒兔肉。不过，有些黑心餐厅会用猫肉代替兔肉。这些黑心餐厅从蜗居于"巨大的巴黎乱七八糟地吐出来的棚子"（出自波德莱尔《恶之花》中的《拾荒者之酒》一节）的人，即拾荒者那里购买他们抓来的猫咪。左拉在短篇小说《猫的天堂》中，就描写了一只加入流浪猫群体的家猫，它险些被一个手拿钩子的拾荒者抓住。

这就是古波模仿猫叫的时代背景。据说，餐厅从此形成了一个习惯，即在装兔肉菜肴的盘子里放上一个兔头，以证明是真正的兔肉。虽然听上去有点吓人，却是不争的事实，上文所述的片段中，盘子里也装有兔头。接下来的情节里，人们在小提琴和手风琴的伴奏声中于洋槐树下跳舞。

这样的舞厅酒馆在左拉的小说中经常出现，比如《娜娜》。游艺剧院的舞女娜娜凭借性感之姿，迷得人们神魂颠倒，成了大明星，她成名之作是《金发爱神》。这部剧目的第二幕是在一个叫作黑球的城门酒馆中众神狂欢的场景，娜娜饰演的爱神维纳斯袒胸露乳，吸引了大量的看客。我们姑且不谈这部剧，单说这里出现的黑球酒吧。这是一家位于蒙马特城门外（现皮加勒广场）的大众舞厅酒吧。少女时期的娜娜——见小说《小酒店》——是这家俱乐部的常客。对于卖花女工娜娜而言，她每个星期天"都有约会，她约会的对象什么人都有，凡是过路的用眼瞟过她的

第五章
充满回忆的马恩河

男子,一个个都是她所要会的"。这个肉嘟嘟的女孩穿着波点裙,征服了这一带的舞厅。

> 娜娜轰动了附近所有的跳舞场,从"白后宫"直至"狂热跳舞厅",人们都认识她。当她走进"蒙马特仙境"的时候,人们爬到桌子上,看她表演"龙虾嗅地"的舞蹈。在"红府舞厅"里,人们两次把她赶了出来,她只好在门外徘徊,等候熟悉的人们出来。大马路上的"黑球宫"和卖鱼路上的"老爷府"是一些上等跳舞厅,她有衣服穿的时候才敢进去。但是,在本区许多跳舞场当中,她特别喜欢那"隐士跳舞场",这是在一个潮湿的院子里的,她还喜欢"那罗贝尔跳舞场"。在嘉特兰路,这是两处肮脏的小舞场,用半打洋灯照耀着,里面的人的衣服很可以随便,他们都很满意,都很自由,甚至于跳舞的男女伴侣可以退到后面互相接吻,没有人去搅扰他们。①

娜娜凭借大胆的舞蹈动作,在每个舞厅都赢来了喝彩。她正是台上的舞蹈女王。

---

① 译文引自王了一译《小酒店》(上海三联书店,2015 年)。

分散开来的舞厅酒馆

接下来，我们暂时从左拉的小说世界中抽离，一起简单地回顾一下巴黎舞厅酒馆走过的历程。我们照旧翻开那本1836年出版的《巴黎外国人新指南》，在介绍娱乐设施的章节中，舞厅酒馆与"香榭丽舍大街漫步""全景馆""透视画馆"等内容并列，指南中如此介绍：

> 如果你想了解巴黎的工人阶级如何度过星期天的余暇，那应该去看看这些地方，人们在那里唱歌、跳舞，喝着葡萄酒和利口酒。就他们的经济状况而言，这些场所的娱乐活动规格不低。对这些一个星期中有6天都在贫困生活中挣扎的人来说，这一天的挥霍程度让人惊讶。他们之中不仅有工人，还有小制造商和零售商。

如果你对一穷二白的人怎样纵情挥霍这一主题感兴趣，我强烈建议你读一读《小酒店》。言归正传，这本指南中推荐了7家位于巴黎城门外的舞厅酒馆：

第五章
充满回忆的马恩河

"歌德花园"（缅因门）、"千柱舞场"（蒙帕纳斯）、"德努瓦耶沙龙"（库尔蒂耶门）、"莫雷尔馆"（阿芒迪耶门）、娜娜最喜欢的"隐者舞厅"[①]（蒙马特山下）、"绿格子"（梅尼蒙当）和爱情岛（贝尔维尔）。

"隐者舞厅""绿格子"和"爱情岛"，这些名字颇具浪漫色彩，让人仿佛置身于大自然之中，在树荫下吃饭、跳舞，谈情说爱。可能店家就是想用这样的画面来吸引顾客吧。

舞厅酒馆的全盛时期几乎与七月王朝（1830年—1848年）重合。1830年，巴黎及其周边地区的舞厅酒馆多达367家，这个数字简直令人难以置信。这些舞厅酒馆形成了巴黎城门前的一片闹市区。关于舞厅酒馆中的音乐和舞蹈所扮演的社会功能，泰克西埃的这段话讲得鞭辟入里。

> 音乐和舞蹈是社会各个阶层的所有节日和娱乐活动的基本要素。……无论是君主的宫廷，还是城门附近肮脏的酒馆，即便城门酒馆里廉价的小提琴弹奏出的音色阴沉灰暗，但在所有地方，音乐和舞蹈被平等地消费着。（《巴黎图景》）

---

① 引文中另译为"隐士跳舞场"。

不过，正如前面简单提到的，节日庆典有可能演变为一场起义，所以在当权者眼中，舞厅酒馆是一个危险的地方。因此，泰克西埃在文中拥护这种平民的娱乐，他把跳舞描述为工人理所应当的乐趣："他们每个星期天都在城门外进行的娱乐，是一种单纯的、丝毫不需要觉得羞耻的舞蹈。他们随着音乐起舞，虽然身体疲惫，但是精神上可以得到一刻喘息。"

然而，1848年二月革命前后，舞厅酒馆的繁荣走向了终焉。是不是持续不到几个月的街垒巷战改变了人们的观点？又或者是人们的情绪得到了发泄？1850年后的几年时间里，又有一半的店铺被迫关闭。为了生存，剩下的店铺必须对店面进行改造。由此可见，小说《小酒店》中描述的正是繁荣期过后的舞厅酒馆。

表2　舞厅酒馆的数量

年份＼数量	巴黎市内	郊外	合计
1830	138	229	367
1845	110	273	383
1850	65	200	265

1860年，巴黎市区规模扩大，从12区变成了如今的20区。巴黎20区经常被比喻成一只蜗牛，而这只蜗牛的外壳就是在这

第五章
充满回忆的马恩河

一时期形成的。城墙外的免税便宜酒和舞蹈始终是舞厅酒馆吸引顾客的暗号，对他们而言的确是一场生存危机。想要规避大众消费税，唯一的方法是到城外开店。然而，随着城市化的快速推进，想要获得大片的土地并不容易。正如印象派画作的背景中经常描绘的那样，在巴黎城市的外围，浓烟滚滚的工厂一个接一个地建起。人们想要消解一周工作带来的疲惫，需要更宽敞的蓝天来满足对能量的渴求。于是，舞厅酒馆相继搬至巴黎郊区，巴黎郊外的舞厅酒馆时代自此拉开帷幕。

就这样，舞厅酒馆渐渐地聚集到了塞纳河畔和马恩河畔。原本在贝尔维尔（现巴黎第20区）盛极一时的"爱情岛"搬到了马恩河畔（这个名字在《魔鬼附身》里也出现了）。河滨区域作为度假区得到了蓬勃发展，郊区铁路线的开通让巴黎人出行更便利。商铺纷纷建起浮桥、跳水板、遮阳露台和秋千，以吸引顾客。马恩河畔成了"舞厅酒馆之银座①"，鼎盛期，这一带有将近200家舞厅酒馆。虽然不是电影中的一幕，但每逢节假日便坐火车到郊外野餐的巴黎人，和电影《乡村星期天》中呈现的场景相似。他们在舞厅酒馆用餐、跳舞，以缓解平日的工作压力。

---

① 银座位于日本东京，是与香榭丽舍大街齐名的商业街，坐落着大量高级俱乐部和酒吧。——编注

巴黎历史侦探

寻找河畔的舞厅酒馆

　　冬日的严寒终于褪去，我决定效仿昔日情侣的做法，沿着马恩河畔独自散步。从巴士底出发的旧市郊线已经不复存在，过去的车站现在被巴士底歌剧院占据着。我暗自将里昂站当成巴士底站，坐上了开往布瓦西圣雷热的 A2 市郊线（REE）。我的目的地连桥城距此不过 3 站，车程很短，但车站前的凄凉风景让我有点受挫。我收拾心情走下缓坡，很快来到马恩河畔，从连城桥走到树木环绕的河心岛。这个河心岛叫作法纳克岛，是独木舟等划船

法纳克岛

第五章
充满回忆的马恩河

运动的胜地，其历史可以追溯到第二帝国时期。当时，塞纳河上下游的船只数量激增，加上塞纳河游船开通，导致船只碰撞事故多发。1867年，拿破仑三世下令禁止在巴黎城内划船，赛艇活动被迫转移到巴黎郊区。和舞厅酒馆一样，与巴黎一墙之隔的连桥城地区从此走入人们的视野。

说到法纳克岛，不好意思，我又想起了左拉的小说《妇女乐园》中的一个情节。初春时节，百货公司的店员黛妮丝（她后来与百货公司老板奥克塔夫结婚，夫唱妇随，一起经营百货公司），与朋友保丽诺去野餐。保丽诺的情人包杰在她们的竞争对手**好公道百货公司**工作，他和她们同去，众人乘坐公共马车前往车站。包杰请客，他们才奢侈地坐了二等车厢。

> 他们坐的是二等车，车里充斥着愉快而闹哄哄的人声。到了诺让车站，在人们的笑声中，一对新婚夫妇下了车。最后他们到了约安威尔，立即走向岛上去订早餐；他们就停在那里，在马伦河边上的高大杨树下，沿着岸边散步。树荫下是寒冷的，阳光里有一阵猛烈的风，吹向远方去……①

---

① 译文引自陈亚锋译《妇女乐园》（大众文艺出版社，2000年）。

岛上有一家名为朱利安小屋的舞厅酒馆。他们整个下午都沿着河边散步，然后回到朱利安小屋吃晚餐。时值草木凋零的寒冬，他们在店里点了一道特色菜，葡萄酒炖河鱼。不经意间，他们看到了坐在餐厅的角落里，从巴黎一路走来的杜洛施正独自用餐。黛妮丝和杜洛施发现他们都来自诺曼底科唐坦半岛，新的关系开始萌芽……遗憾的是，上演这一场景的舞厅酒馆朱利安小屋已经荡然无存。

我回想着左拉小说中的场景，静静地在岛上漫步。我到了河对岸，沿着下游的河边走了一段路，来到了"贪吃者"餐厅。不论是餐厅的建筑，还是招牌 LA GOULUE 的字样设计，都统一

"贪吃者"餐厅

第五章
充满回忆的马恩河

为艺术装饰风格。虽说比不上京都鸭川的纳凉河岸,但是于静静流淌着的马恩河上悬着的露台,让我得以小憩。顺便一提,LA GOULUE(意为"贪吃的女人")是罗特列克的画作中经常出现的红磨坊里一位舞者的名字。

马恩河回忆

马恩河一带色调暗淡的房子林立,石质墙面上装饰着类似珪石的瓷砖。villa(别墅)总给人以更奢华的感觉,而这类独栋建筑在法语中被称作pavillon。即使不是在这种偏僻的郊区,而是

冬日的马恩河(右岸是一片豪华的独栋别墅)

巴黎历史侦探

在巴黎近郊——旧巴黎的郊区——散步时，你可能也会惊讶地发现，高楼大厦之间突然冒出类似的独栋建筑。无论如何，我很羡慕那些生活在河边的人，他们可以如此亲近大自然。而且，从河滨区域到市中心办公室的通勤时间也只要不到一个小时。

沿河道路两旁略显年岁的建筑，让我不禁想起拉迪盖的小说《魔鬼附身》。

> 玛尔特住在 J 镇，她那条街一直通向马恩河。每一条路沿路至多有十二座别墅。她家的别墅是那么宽敞，我不禁为之瞠目。实际上，玛尔特只住楼上一层，房东和一对老年夫妇住在楼下。[1]

《魔鬼附身》讲述了一段发生在马恩河畔的不伦之恋。读过这部小说，每当我再次看到或者听到"马恩河"这个词，便会条件反射地想到主人公和有夫之妇玛尔特的缠绵，甚至连"马恩"这个发音似乎也被染上了一层淫靡的色彩。我猜，和我对马恩河抱有同样回忆的年轻人，应该不在少数。

小说中的故事发生在第一次世界大战期间，主人公沉溺于内

---

[1] 译文引自程曾厚、沈志明译《魔鬼附身》（上海译文出版社，2011 年）。

第五章
充满回忆的马恩河

心空虚和与玛尔特的不正当关系中。虽然没有确切的证据表明，玛尔特所居住的J镇是连桥城，但我已然自顾自地如此认定。草草做完功课后，主人公常常来到马恩河畔徘徊，他尤其喜欢去左岸。而我此刻正站在马恩河畔。玛尔特的丈夫雅克上前线打仗，主人公得以留宿玛尔特家中，与对方不甚熟练地做爱。起床后吃个迟来的午餐，不觉黄昏已近。有种难以言喻的空虚与忧郁。我相信，即使是不曾经历过不伦之恋的人，年轻时也会有过类似的感觉。当时，玛尔特和主人公经常沿着河边，朝爱情岛走去。

那天，我与玛尔特他们朝着相反的方向，沿着马恩河逆流而上，我听说那里还保留着过去的舞厅酒馆。对岸法纳克岛的船坞里聚集了不少人，可以看到独木舟和皮划艇在河面上缓缓滑行。如果你吃喝着把面包屑扔给漂浮在远处的白天鹅和鸳鸯，它们马上就会朝你游来。虽然《魔鬼附身》中的主人公说，马恩河左岸住着有闲阶级，右岸不过是一片菜地。但在平静的河流对岸，即右岸，其实建有一片相当豪华的别墅，可以从家中的后院直接上船。多么优雅的生活啊，真希望他们能让我在前面的房子里住一住，哪怕只有一个夏天也好——从未在水边生活过的我如是想到。

沿着岸边继续向前，脚下的泥土松软适度，非常舒服。岸边有一条狭长的船。有人生息于此，且丝毫没有日语中说的"水上

马恩河的"水上住民"

住民"那么穷困潦倒,也不像宫本辉在《泥水河》中所描写的那样。有一些年轻人正在练习划独木舟,如果再零星有一些垂钓的人就更好了,想必和亨利·卢梭的画更像。亨利·卢梭在一幅名为《马恩河畔》(1903)的画作中,画了一个小小的站在河边的孩子,他旁边坐着一个同样画得小小的黑衣女子,可能是孩子的母亲,他们身后的花园洋房旁有一个大烟囱。事实上,这种地方是不可能看到烟囱的。画家总是设法对他们的作品加以伪饰。

我喜欢卢梭作品的一个主要原因,是他会用一种完全不同于印象派画家的眼光来描绘巴黎郊外这些看似寻常的景观。他画中

第五章
充满回忆的马恩河

的采石场、伐木厂、生产椅子的工厂、电线杆，还有烟囱，仿佛都是活生生的；而河流、水车、桥梁、散步的人和垂钓者，也都宛如动物般纯粹。尽管在他之前已经有"稚拙与幻想"和"梦境与现实"[①]的理念，但私以为，亨利·卢梭是史上最了不起的风景画家。

马恩河之行让我心情舒畅，在想到亨利·卢梭的风景画之后，我突然意识到，他笔下的马恩河与印象派作品中的郊外风景——此处我想到的是描绘塞纳河下游的画作——不大一样。能让我联想到卢梭画作的马恩河岸，显然是一个人与自然相融合的地方。

热爱着马恩河温柔面庞的拉迪盖这样写道：

> 我觉得这条河的温和似乎超过了其他任何河流。试把这条河与支配着它的塞纳河作比较。塞纳河在流往巴黎的路上非常压抑，它似乎只是为了流经巴黎而被创造出来的，只有当它到达巴黎时才变得有价。然而，一旦流出巴黎，它又变得那么孤独、那么贫瘠。这样看来，马恩河才是值得我们永远传颂全民族的英雄主义的地方。（《两本笔记》）

---

① 此处或指绘画流派中的稚拙派与幻想派。——编注

巴黎历史侦探

　　我坐在岸边的长椅上，从背包里拿出杜瓦诺的影集《巴黎郊外》（布莱斯·桑德拉尔配文），翻看着从对岸法纳克岛拍摄的这一带的照片。照片标题叫"马恩河畔的婚礼进行曲"，一对刚刚举行了婚礼的新婚夫妇在一位小小伴娘的陪同下，沿着岸边散步。对岸还能看到的是我接下来要去的罗宾逊舞厅和杰仁小屋餐厅，店门口的广告板上写着"本店特色炸物"之类的字样。他们一定是打算接下来和大家一起去用餐。河边排列着许多名为pedalo 的脚踏船。Pedalo 类似东京井之头公园或千鸟渊一带年轻男女去划的船，这种脚踏船再怎么努力踩也划不快。不过，pedalo 是马恩河上的一道名景。

　　我从通往德国方向的 A4 高速公路下面穿了过去。汽车文明对宁静的河边丝毫不留情面，就像一把大刀，直直地插进大自然的心脏。我捂住耳朵，忍受着汽车飞驰的呼啸声走了一小段路，目的地杰仁小屋餐厅赫然眼前。杰仁小屋自带大型停车场，是餐厅兼舞厅，一个戴着厨师帽的老人的巨大招牌十分醒目。这家舞厅酒馆由欧仁·法布雷（杰仁是欧仁的昵称）创立于 19 世纪 50 年代，现在依然吸引着大量顾客前来，实在很了不起。建筑全部经过翻新，丝毫找不到过去的痕迹。现在，人们习惯了在室内用餐，不再像 19 世纪那样在院子里喝酒跳舞了。隔壁的餐厅"罗宾逊"依然健在（显然，餐厅的名字出自小说《鲁滨孙漂流记》）

第五章
充满回忆的马恩河

现在的杰仁小屋

现已更名为"小罗宾逊"。不过很遗憾,因为时值冬季,舞厅酒馆已经歇业了。19世纪时,即使是冬天这里依旧人声鼎沸。我只得望着杜瓦诺拍的照片"永远的杰仁小屋",遥想当年的狂热气氛,默默踏上归程。

在我造访那里的两年后,年轻的N小姐要在巴黎度过一个夏天,于是我试着问她能否替我去看一看杰仁小屋。令我高兴的是,她在八月的一个周末去了那儿。我当时只能沿着河边走一走,但我想当初这里可是能洗衣服的地方,八月正值旅游旺季,一定会有很多人和家人一起前来,想必白天会很热闹。我难免代

杰仁小屋的舞会宣传单

入了多摩河①畔的景象。然而,她告诉我,那里白天毫无人烟。

　　欧洲的夏季白天很长,要到晚上 8 点之后,杰仁小屋一带才会热闹起来。不知不觉,河边的露台上已经座无虚席,室内也渐渐坐满了人。晚上 10 点之后,终于到了跳舞的时间。从餐厅可以直接进入舞厅,费用约为每人 50 法郎。来这里跳舞的大多像是中年夫妻,几乎见不到年轻人。舞厅有一位 DJ,不过播放的音乐都是华尔兹和查尔斯顿舞曲之类,复古的气氛非常浓郁。有报道称,象征着巴黎 19 世纪民俗文化的舞厅酒馆最近又开始恢复了生机。我希望以后的夏天能再有机会去那里看一看。

---

① 　东京都西部的一条河。

突发奇想的废弃铁路线之行

绿色长廊

前文说过,从巴士底出发的巴黎市郊线已经停运。该线路废弃于1969年,但是高架桥还保留着。宛如古罗马跨河桥一样的圆拱,如今变身为拱廊购物街。别致的家具店、知名体育用品店、电脑用品店、画廊等,每家店铺都魅力十足,吸引顾客驻足。

有人告诉我,这个高架桥现在是一条长长的散步用人行道,于是我马上前去探索了一下。我从标有绿荫步道的地方上去,看到一对悠闲散步的老夫妇,慢跑的中年男子,还有遛狗的女士,好像他们每个人都很熟悉这条以前是铁路线的散步道。我继续往前走,看到右手侧里昂站支线。接着,视野豁然开朗。这一片已

废弃铁路改建的散步道

经被开发成了公园,周围矗立着新建的高层住宅楼。

从这里向左转是雅克·伊雷赫路。雅克·伊雷赫(1886—1984)是巴黎史权威,但他更为人熟知的身份是《巴黎街道历史辞典》的作者。评论家罗兰·巴特,还有在起义运动中丧生的历史学家马克·布洛赫,他们的名字最近都成了巴黎街道或者广场的名字。看到对巴黎街道历史有着巨大贡献的伊雷赫也成为其中之一,我很欣慰。沿着伊雷赫路继续向前,我绕道来到蒙特加雷站。这一带也正被开发为商务区。我在广场的一个小摊上买了一个安杜里特三明治吃掉。安杜里特是用猪和鸽子的内脏做成的香肠,通常是烤后配上芥末吃。它有一种令人上瘾的臭味,差一点

第五章
充满回忆的马恩河

废弃铁路的隧道

儿就可以说算是某种异食癖了。不过，每家做出来的安杜里特味道都不太一样，有的好吃，有的不好吃。我一开始担心三明治里是不是直接夹着厚厚的安杜里特香肠，万幸是切碎的香肠和烹熟的蔬菜一起夹在三明治里。香肠的浓烈和蔬菜的柔和完美结合，是一个非常美味的三明治，我算是买到好的了。

重新回到散步道，我来到一条隧道。在宛如新市中心的地方突然出现一条铁路隧道，着实让人惊讶。穿过隧道，是森林的绿影。不知不觉，我已经走下了高架桥，来到比平地更低的地方。这里就是巴黎城中的乡村，可以浅尝徒步旅行的滋味。不过，这条散步道似乎还没有完工，让人搞不清楚终点在哪儿。我沿着小路向前走，又看到了一座立交桥。让人吃惊的是，那里居然还保留着铁路。

我猜，下次再来这里时，铁路可能已经被拆除，这里会成为一个单纯的散步道。想到此处，我实在忍不住，决定沿着废弃的铁路走一走。这一段铁路被围了起来，我进不去。不过，我不知怎地找到了一个正确的位置，爬了上去，成功地走在了铁轨上。我不禁为这次小小的冒险感到兴奋。冷静下来，我开始走在铁轨的枕木上。我不是铁路爱好者，行走于废弃铁路线上的疯狂行为还是第一次。废弃铁轨的枕木踩上去既不硬也不软，正合适。问题是枕木的间距。每个枕木之间的距离大约有 40 厘米，如果一

沿着废弃铁路散步。

第五章
充满回忆的马恩河

车站遗址

"巴黎小环线铁路"(现在被围了起来,不得入内)

个一个地踩上去，步子就会很碎，走得很慢；但两个两个地走呢，又太宽了。我别无选择，只能一个一个地踩着走。不久，站台的旧址映入眼帘。当然，这里长满了野草。这一部分建在高架上，从站台通往外侧的楼梯中间断掉了，我无法从这儿返回公路上。现在回头为时已晚。天色渐暗，下起雨来。我最初的兴奋消失不见，取而代之的是独自走在废弃铁路线上的忐忑不安。后来查了地图才发现，我原本以为自己走的是市郊线路，但其实不知不觉中，我已经走到了巴黎小环线铁路上（1869年—1934年）。

废弃铁路漫步

当我正走得有些沮丧的时候，迎面走过来七八个年轻人。虽然美其名曰"废弃铁路漫步"，但我其实是违规闯进来的，很担心会被为难。说实话，看到我的"同道中人"着实放心了不少。这群人中看起来像是领头的人告诉我，一直往前走就可以穿过塞纳河了。旁边一个人开玩笑说，还可以一直走到海边呢。他们人数不少，看起来真的很享受沿着废弃铁路线散步。我也被感染得有些高兴，打着一把折叠伞，继续在雨中前行。作为纪念，我在途中捡了一块垫枕木的铁片。突然，我看到前面亮起一个红灯，可明明不通火车，是警示在这里走很危险的信号吗？没过多久，

第五章
充满回忆的马恩河

周围的田园牧歌风光消失不见,我似乎是到了编组站的上方。往下一看,我看到一辆 TGV① 停在那里,相当煞风景。我心想:"哦,是了,马尔丹曾经站在这里,以一种朦胧的方式凝视着风景,以为这样可以减缓时间的流逝。"我暂时把自己代入了马塞尔·埃梅的小说世界里(短篇小说《死亡时间》)。

雨越下越大,撑着一把小伞很快便全身湿透了。很遗憾,我放弃了越过塞纳河的念头,决定在这里为我的废弃铁路之行画上句号。然而,我找了半天都找不到可以出去的地方。铁栅栏太高,我翻不过去。要是勉强爬上去又掉落摔伤,那着实算不上光彩。我只得走了很远,终于找到一个可以爬下来的地方,顺利地回到了家。

从铁路上下来,我也不知道该去哪里,索性进了附近一家咖啡馆。冻透的身体暖和过来之后,我大着胆子问旁边的人我现在在哪里,对方告诉我是地铁沙朗通门站附近。事后想来,塞纳河已经近在咫尺,稍显遗憾。但是理性地思考一下,在那样的天气里独自走过塞纳河桥着实莽撞。高架桥上的绿荫步道非常独特,五星推荐。不过,我建议大家还是不要沿着废弃的铁路线乱走为好。

---

① 法国高速列车,全称为"train à grande vitesse"。

第六章
印象派散步道

正片与负片

乘坐市郊电车

听说，塞纳河沿岸修了一条名为"印象派散步道"的徒步旅行路线。在这条路线上，那些艺术家曾手持调色板尽情挥洒的地方，都挂着相应的名画复制品。游客可以一边走一边对比着欣赏眼前的风景，或感慨景致依旧，或为过去的残影无存而怅然若失。如此散步，其乐无穷。不觉得这条路线非常值得走一走吗？

于是，我有一天心血来潮，坐上了前往圣日耳曼昂莱的A1市郊线。过了马尔梅松（拿破仑故居所在地，我曾经在那儿的花园里听过一场音乐会），火车要穿过一座高高的铁路桥，桥下塞纳河静静地流淌。在沙图-克鲁瓦西站下车的，包括我在内，只有不到10个人。

巴黎历史侦探

塞纳河沿岸的散步道（到处挂着名画）

这次，我又是独自徒步旅行。要是没有我不可替代的朋友——地图，那会很孤独的。我在车站外的旅游信息咨询中心要了一份详细地图，这份折叠式地图以莫奈的作品为背景，标题是**印象派画家之路**。显然，相邻巴黎西侧的伊夫林省——其首府是凡尔赛——正在大力推动使大众关注当地自然风光的宣传活动。

有地图为伴，我松了一口气。穿过车站前漂亮的广场，我回到塞纳河畔。桥正中央的台阶连通着河心岛，郊区餐厅的鼻祖"火炉之家"① 就在这里。

---

① 餐厅名称实为其老板的姓氏，在此意译为"火炉之家"。

说起来，我刚刚乘坐的那段铁路路线，它的开通可以追溯到1837年。这条线路连通了巴黎的圣拉扎尔火车站和圣日耳曼昂莱前面的勒佩克村。据说，这其实是巴黎的第一条铁路线。（法国的第一条铁路线是连接里昂和圣埃蒂安的铁路，开通于1832年。）随着铁道线路开通，巴黎人迎来了每逢周末都可以到塞纳河畔享受划船乐趣的日子。一位名叫阿方斯·富尔奈兹的乡下造船工人从中发现了商机，开始涉足租船业务。积累起财富之后，他在1860年开了一家餐厅。他的夫人负责掌勺，他们的女儿阿方西娜负责招待客人，可爱的阿方西娜帮店里吸引了不少的回头客。据说福楼拜和莫泊桑都曾来这里用餐，左拉的出版商夏邦杰也时常带女演员过来。

要说画家，莫奈、西斯莱和德加自不用说，就连卡耶博特都很喜欢这

旅行指南《印象派画家们的小路》的封面

餐厅"火炉之家"

个河滨。这里可以说是印象派的发源地。最重要的是,雷诺阿和沙图有很深的渊源。他说:"我曾花费很多时间泡在火炉之家。在那里,美妙如画的姑娘们,要多少有多少。"阿方西娜也是漂亮姑娘之一,我们的大画家以铁路桥为背景,为她画过一幅肖像画。

在码头附近,我发现了第一幅名画复制品,是雷诺阿的《沙图的划船者》(1881年,收藏于华盛顿美国国家艺术馆)。沿着地图上的路线行进,可以看到很多挂在绿色画框里的名画原尺寸复制品。这个设计非常巧妙,游客可以对比画作,欣赏眼前的风景。凝视着雷诺阿名画的复制品,我猜,画里的船应该是从富尔

雷诺阿《沙图的划船者》(1881年)

第六章
印象派散步道

奈兹那里租的吧。画中，一个身穿白衬衫、打着领结的年轻人正在试图把一条狭长的双人船——用法语说是 yole——划出去。岸边的女孩拎着裙子下摆，等待小船停靠。他们的目的地肯定是位于河流下游的"青蛙塘"。莫泊桑曾描述过这样的场景，尽管在他的故事中，"火炉之家"被改成了"格里荣饭店"。

> 船只一艘接一艘地离开码头。船夫向前蹲下，然后非常规律地大力向后仰。在略微弯曲的、长长的船桨推动下，快艇迅速滑开，变得越来越小，最后消失在铁路桥下，向着青蛙塘的方向滑去。(《保罗的女人》)

如今，对岸建起的大型度假公寓建筑阻挡了视野，似乎是个养老院。现在这里还挂出了《船上的午宴》，当时我去的时候还没有这幅画。这幅名画描绘了雷诺阿的朋友们在餐厅露台上一起用餐的场景。画面左侧，桌子的尽头，正和一只小狗说话的人名叫阿莉娜，是一个女裁缝，她后来成了雷诺阿的妻子，而她身后那个看起来身强力壮的男人，应该就是餐厅老板小阿方斯·富尔奈兹①。小阿方斯因为肌肉发达，赢得了"赫丘勒（大力士之意）"

---

① Alphonse Fournaise, Jr.，餐厅老板老阿方斯的儿子。

的美誉。靠在栏杆上的年轻女子是老阿方斯的女儿阿方西娜。画面左边的背景中，塞纳河上飘着白帆。透过橙色遮阳篷的缝隙，可以看到铁路桥。

对了，我差点忘了说，20世纪之后，这家餐厅的顾客也少了很多，在很长一段时间里被公众淡忘了。直至1988年，这家餐厅才被修复。这座有着米色石头和棕色砖块相交错的墙壁以及黑色石板屋顶的建筑，现在也成了一个小小的观光景点。露台的陈设依旧和《船上的午宴》中的一模一样，保留着黄橙色条纹的遮阳棚，想必是参照雷诺阿的画作复原的。

印象派绘画的负片

离开火炉之家，我从铁路桥下穿行，前面一带被誉为"印象派画家之岛"。当时，许多人在这里的体育公园慢跑。很快，我在一片灌木丛边上发现了雷诺阿《沙图的铁路桥》的复制品。塞纳河在这一带被小岛一分为二，河道非常狭窄，时不时有狭长的蒸汽船驶过，发动机轰鸣作响。船员从船里探出头来，他们看上去没什么事做，神态悠闲。一位在旁边垂钓的当地老者告诉我："从前啊，从这里往巴黎运小麦的船可多着呐。"我眼前的这艘船上，又运着些什么呢？

第六章
印象派散步道

越往前走,河中的小岛越窄,眼看它就要消失之处,忽而豁然开朗,找到了!原来这里就是那个有名的青蛙塘①。莫奈和雷诺阿两位大师的《青蛙塘》并列摆放着。从画中描绘的位置来看,著名的舞厅酒馆青蛙塘应该位于河道更狭窄的东岸。从莫奈的画中可以看到,这家舞厅酒馆由两部分组成。一部分是与岸边相连的大型船屋式餐饮区,另一部分是一个圆形的小岛,形状酷似卡芒贝尔奶酪,因而被称作"卡芒贝尔"。有一座木桥把卡芒贝尔与船屋的部分和河中小岛连在了一起。白天,这块圆形的奶酪小屋可以作为跳水台;晚上,它又成了一个舞台,供男男女女跳舞。当然,现在不管是船屋还是卡芒贝尔,都已经荡然无存。取

两位大师的《青蛙塘》。(左)莫奈《青蛙塘》(1869年),(右)雷诺阿《青蛙塘》(1869年)。

---

① 又音译为拉格勒努耶尔。

而代之的只有立在附近一棵树下的圆形标牌，上面写着"青蛙塘的卡芒贝尔"。尽管我明白这也许只是一个吸引顾客的煽情手段，但还是感觉欣慰。

1869年夏天，年轻的莫奈和雷诺阿都住在河对岸的布吉瓦尔，在青蛙塘努力地创作着。当时，挣扎在贫困中的莫奈给他的画家朋友写信，讨要一桶葡萄酒。我们来看看这封信中的片段。

> 冬天马上要到了。对于不幸的人来说，这不是一个好季节。然后沙龙画展要开展了。我什么都没画出来。我做了一个梦，梦到了一幅画，画的是青蛙塘的游泳池。……我确实画了一个草图。但这是一个梦。正巧雷诺阿之前在这里待了两个月。他也想画这样一幅画。（《致巴齐耶》。摘自丹弗编，《印象派的真面目》）。

雷诺阿也曾写道："我们并不是每天都能有东西吃。"可见，这二人都是饿着肚子在创作。最终，他们创作出了《青蛙塘》，而这也标志着印象派的诞生。如今，莫奈的《青蛙塘》收藏于纽约的大都会艺术博物馆，而雷诺阿的《青蛙塘》则陈列在瑞典国立博物馆。我相信，一定有很多狂热的艺术爱好者喜欢翻开图集，对比欣赏这两幅画。这两幅画的色调非常不同。我们先来看一看莫奈的画，这幅画视角开阔，便于我们了解这家舞厅酒馆的样子。

水上餐厅里，女士们靠在栏杆上等待着什么。墙板上写着"船只出租"的字样。一位头戴丝绸帽子的绅士正怯生生地试图走进卡芒贝尔。人工岛上共有男女约10名。画面左侧穿着黑色游泳衣的姑娘们正犹豫着要不要下水，似乎在彼此谦让。再左边就是青蛙塘，也就是游泳池。grenouillère原意是指青蛙（grenouille）栖息的沼泽地，19世纪中叶前后开始，这个词被用来讽刺"不会游泳的人也能享受游泳乐趣的河边游泳池"。男士们似乎在说"快下水啊"，催促着卡芒贝尔里的姑娘们。

青蛙塘作为一个离巴黎不远且交通方便的水边娱乐场所，收获了很高的人气。人们在那里驱舟击水、宴饮起舞，上演着巴黎人悠闲的周末时光。对比欣赏莫奈和雷诺阿的风景画，或多或少能从画面上品味出一些优雅而浪漫的故事。也正因如此，众多美术鉴赏对这两幅的评论中，充斥着光影的线条、波光粼粼的水面、讴歌假日时光的布尔乔亚气氛之类的描述。

"浊流"中的世界

当我们透过带有印象主义刻板印象的三棱镜，来审视莫奈和雷诺阿的画作时，或许会说他们的作品是光线的管弦乐，仅仅而已。但我始终不能忘记雷诺阿本人说过，他在青蛙塘中看到了"世俗的恶习，上流社会的卑劣和霉烂"。能让我们切身感受到这种"恶习"和"霉烂"的，非文学作品莫属。所以，在这里，我想和大家一起读一读前面引用过的莫泊桑短篇小说，《保罗的女人》。

——在河对岸，带着家人或者恋人前来游玩的人们，正在等待前往大型水上咖啡馆的渡船，场面颇为温馨。然而，靠近青蛙塘一侧，漫步在大树下的人们则明显不同。浓妆艳抹的女人们大摇大摆地走着，毫不掩饰她们的粗鄙。旁边的青年们看上去像是从时尚杂志的照片中走出来的一样，"穿着珐琅靴子，捏着像绳子一样纤细的手杖，做作的单边眼镜更凸显了他们猥琐的笑容"。显然，这里是岸边的一个低级社交场所，不是什么高雅的地方。作为佐证，作者在另一篇短篇小说中，甚至让一个年轻女子脱口说出："请带我去青蛙塘吧。我很好奇。因为我母亲说，正经女人是不去那种地方的。"（《伊薇特》）

在拥挤的水上咖啡馆里，一个满眼血丝的醉汉咆哮着说，"姑娘们一边寻找今晚的猎物，一边寻找当下能为她们的饮料买单的人"。我不禁想，解读莫泊桑小说的关键在于，要认识到莫奈画作中那些站在一旁无所事事的女人，正是这样一群人。虽然这不

第六章
印象派散步道

是樋口一叶的小说,但这个游泳池就是樋口笔下的"浊流",是一个满是泥泞的河沟,是象征那些卖春女子的隐喻。简而言之,这一带的河畔是巴黎从事皮肉生意的女人们的栖息地。莫泊桑在文中说,"这个岛正好在青蛙塘的地方凹了进去",他把这个欲望之岛比作女人的身体。这位大作家的笔触极其辛辣,而且悲观厌世。

> 在这里,世间的罪恶,还有离奇的卑劣和巴黎社交界的霉烂,直冲鼻腔。……这个地方泛滥着愚蠢,散发着卑劣,弥漫着廉价性事的臭气。不论雄性还是雌性,在这里都差不多。空气中涌动着情欲的味道。

"巴黎社交界的霉烂",莫泊桑在这里使用了与雷诺阿相似的表述。短篇小说《保罗的女人》把女同性恋的主题,与作者自身的自杀意愿相结合。据说,莫泊桑的情人吉赛尔是双性恋,是一位喜欢女扮男装的雕塑家、小说家,同时是崇拜圣女贞德的女权主义者,甚至还曾被怀疑是一名炸弹客。莫泊桑爱着的正是一个如此激烈的女人,与他在长篇小说《一生》[①]中描写的实在很不一

---

① 原题 Une vie,又译《女人的一生》。

样。在莫泊桑的自杀意愿下诞生的短篇小说《保罗的女人》,俨然是莫奈和雷诺阿风景画的负片。这个水边"与其说是一个孕育浪漫爱情的地方,不如说是污浊性爱的巢穴"(山田丰子)。看着这些沐浴在阳光下、浸泡在"浊流"里的男男女女的鲜活肉体,我忍不住想抛出一句充满恶意的话:"阳光灿烂地照在这块腐烂的肉上,想把它烧得恰到好处。"(出自波德莱尔诗集《恶之花》中的《死尸》)。

在这个小岛上,女人兴致盎然地跳着法国康康舞,男人"举止猥亵,身体缩成一团,像一只只蟾蜍"。也正是在这里,真切地存在着一个冲破光影界限的印象派的世界。莫奈和雷诺阿都以一种极其隐蔽的方式,描绘着这里的阴暗。然而,那些生活在日出之国[①]的不可思议的女士,她们一边在拥挤的展厅里欣赏印象派画作,一边谈笑风生,是否会有所触动呢?我不禁有种不协调的感觉。

我虽然并不悲观,但我是左拉的忠实读者,总有一段记忆萦绕在我的脑海中。即左拉作为一位年轻的艺术评论家,他发现了莫奈的才华,并在《事件报》上大力吹捧这位现代画家新星的诞生。然而30年后,左拉心血来潮地去看了沙龙画展(官方展览),

---

① 指日本。相传,7世纪初,日本的圣德太子在写给隋炀帝的国书中写道:"日出处太子致日落处太子",这就是日本国名的雏形。

后在《费加罗报》（其前身为《事件报》）上写下了这样的感想。

首先给人以深刻印象的是明亮的基调。马奈、莫奈、毕沙罗的所有作品都是这样。过去，他们的画挂在画廊里，置于其他画作之间，形成一个光洞。那俨然是一扇向着大自然敞开的窗户，是走进室内的户外风光，备受好评。然而现在，只剩下户外。每个人都在咒骂我的朋友，甚至嘲笑我，而现在这些人依然追随在他们骂的人身后。甚好，甚好。改变总是一件令人高兴的事。

更让我吃惊的是这些追随者的狂热，滥用明亮的色调，让有些作品看上去像一件被洗得太久的衣服，颜色都洗掉了。……面对着这个"洗得发白的沙龙画展"……我发现自己在怀念过去焦油色的"黑画展"。过去确实太黑，现在又太白。生命是更加多样、火热、柔韧的东西。（1896年5月2日）。

布吉瓦尔村

刚刚参观了印象派诞生的摇篮地，可能一部分看客见到印象派这三个字就忍不住兴奋升温。在此，我不得不说一句扫兴的话，因为我们差不多该跟青蛙塘说再见了。这条徒步旅行路线离水面约 3 米高，可能前阵子水面有所上涨，树枝上还缠着破布和纸。慢跑的人不断从我身旁经过，这么起伏不平的路面，几乎算得上是越野跑，真是辛苦了。在经过一个公司园区之后，塞纳河上的大桥出现在我眼前。终于，河对岸的布吉瓦尔村现身了。

> 布吉瓦尔的荣耀归功于这样一个事实：我国最棒的风景画家偏爱此地，他们在这里的树荫下放飞创意，他们在最好的季节里将心中填满了孤独。后来布吉瓦尔学派诞生，与罗马学派和佛罗伦萨学派竞相争辉。（泰克西埃）

正如《巴黎图景》的作者所说，布吉瓦尔长期以来一直深受米勒、柯罗和透纳等画家的喜爱。1864 年，一座横跨塞纳河的大桥建成。1869 年夏天，如前面提到的，莫奈和妻子卡米尔一起来到布吉瓦尔，在困苦中挣扎着建起了自己的画室。我们的画家坦言说道："雷诺阿从家里给我们带了面包，让我们不至于饿死。在过去的一周里，我们没有葡萄酒，灶台里没有火，家里也没有蜡烛。实在非常糟糕。"

在这里，我看到了莫奈所绘的《布吉瓦尔大桥》。时节或是秋天的傍晚，树木投下长长的影子。村民们三三两两地走过大桥，其中包括带着年幼孩子的母亲，这个场景让我久久不能忘怀。不过，从展示复制品的地方向前望就会发现，莫奈所画的大桥也已经不复存在。现在，这附近建成了一座更宏伟的桥。

选择恰当的季节在这里漫步，定是一种莫大的享受。蜿蜒向前的塞纳河，鲜艳的绿色，还有大地微妙的起伏，丰饶的自然风光拥抱着我们。难怪19世纪的画家和作家都喜欢这里。而且，从车站坐车到巴黎只需要半个小时。我要是法国的上班族，肯定想在这里建一所房子。哦不，《魔鬼附身》中描写的马恩河畔的那份宁静也让我难以割舍，很难抉择。不过，这一带通向车站的斜坡实在有点累人。这样看来，在稍稍远离河畔的山上，比如定

展示在河边的莫奈名画《布吉瓦尔大桥》（1869年—1870年）复制品

居卢弗斯安娜站附近，可能是最明智的选择。可是，那边的住宅区怎么看都比马恩河这侧更高级，于我而言不可企及。想想这些，时常让我烦恼不已。

　　普法战争之后，大批艺术家蜂拥而至。仔细翻阅西斯莱和贝尔特·莫里索的画集，我们会发现许多描绘这附近的风景画。当时，莫奈本人也住在附近的阿让特伊。俄罗斯小说家屠格涅夫，他的故居现在成了一个博物馆。还有音乐家比才，即《卡门》的创作者，也长眠于此（1875年）。

　　说到布吉瓦尔村，虽然不是印象派的作品，但我想起了弗拉芒克的风景画《布吉瓦尔的餐厅》（1935年），这幅画现在应该

缓缓流过布吉瓦尔村的塞纳河，以及缓缓流过的时光。

第六章
印象派散步道

是收藏在奥赛博物馆。弗拉芒克的作品以黑、白、蓝等冷色调见长，他的画虽然褒贬不一，但这幅作品带有马蒂斯①的风格，或者说是马尔凯的风格，使用了红、橙、绿等暖色调。画中，弗拉芒克使用红色和米色描绘了布吉瓦尔桥对面的一家餐馆。不过，我没能找到与画中对应的地方。而且，从刚才开始，我的肚子就一直在咕咕地叫。于是，我走进前面一家古斯米②餐厅，吃了午饭。但光是古斯米有点不够瞧，我又点了一份不常吃的摩洛哥焖羊肉，是一道有肉类和蔬菜的炖菜。就着一杯突尼斯葡萄酒，我填饱了肚子。眺望着印象派之岛的景色，享受着北非风格的炖菜，实在别有一番风味。

酒足饭饱之后的食困，恐怕是人类的天性。不过，我打算坚持朝马尔利勒鲁瓦方向前进。就在这时，我发现了一个标志，上面赫然写着 Machine de Marly（意为"马尔利的机械"）。原来是这里！这里的**机械**指的是路易十四为了把塞纳河的河水引到凡尔赛宫而建造的巨大水泵，而这家餐厅就是以此命名的。果不其然，我在泵站附近找到了弗拉芒克的画。虽然餐厅在画中被画成

---

① 马蒂斯（Henri Matisse, 1869—1954），法国画家，被认为是最早的野兽派画家之一。后面提到的马尔凯是马蒂斯的挚友。
② 古斯米（Couscous），另译为"库斯库斯""蒸粗麦粉"，蒸制后的粗麦粉混合西葫芦、胡萝卜、鹰嘴豆、牛肉等食材烹煮，是北非传统美食。——编注

弗拉芒克《布吉瓦尔的餐厅》（1905年）

了一家波斯地毯店，但终于找了弗拉芒克画的地方，我心里踏实多了，继续向水泵所在小山丘走去。不过，我还是不敌睡魔，在半山腰的长椅上小憩了片刻。

过了水泵站继续向前，可以看到岸边并排停靠着可以住人的漂亮船屋。再向前走，就能看到因西斯莱画的洪水而闻名的咖啡馆。身强体健的朋友可以接着往山上走，去看一看"基度山伯爵城堡"，那是小说家大仲马曾经住过的地方。城堡的花园里有洞穴和瀑布，可以让你梦回童年，重温儿时的探险游戏。继续向上，登上山顶的话，可以欣赏到更多西斯莱的作品，还有毕沙罗画风朴素的风景画。

在漫步的过程中，我试图总结出一些道理。但老实说，当你曾在美好的时节沿着印象派画家最喜欢的河畔散步之后，什么负片不负片之类的便不再重要了。唯有炫目的光线，胜过一切。

【专栏】
《保罗的女人》（莫泊桑，1881年）

　　七月的一个下午，一艘又一艘的船从塞纳河畔的格里荣饭店出发，驶往下游的水上咖啡馆青蛙塘。参议院议员的儿子保罗也带着女朋友玛德莱娜，乘坐私家船只来到了这个咖啡馆。随后，来了4位女同性恋者，其中一位是喜欢男装打扮的漂亮女人，她们的到来引起了人群的欢呼。玛德莱娜和这几个人过于亲密，惹得保罗妒火中烧，他试图把她们分开，却挨了骂。之后，保罗和女友回到格里荣饭店，在岛上散步。性情浪漫的保罗在夕阳的诗意中抑制不住自己的感动，而他的女友只是敷衍地哼着一首走调的歌。晚饭后，玛德莱娜再次回到青蛙塘，保罗跟随其后。水上咖啡馆里，人们热烈地跳着舞。保罗的女友不知何故不见了踪影，保罗去寻找她时，看到她正在草地上和4个女同性恋者中的一个缠绵欢爱。他承受不住这份震惊，纵身跳入塞纳河溺水而亡。

学术文库版附录

拉丁区的青春

——从中世纪到文艺复兴时期的短暂旅行

让我们一起到中世纪至文艺复兴时期的拉丁区中走一遭。塞纳河左岸通常被称为大学区,前来求学的年轻人从法国和世界各地会聚到这里。与牛津和剑桥的大学一样,这里也有很多学寮。学寮是获得奖学金资助的年轻学子住的地方。比如,成立于1331年的勃艮第学寮,其中有20名来自勃艮第地区的贫困学生。这让我想到了常磐会寄宿舍(原伊予藩领地),当年正冈子规从松山来到东京,进入东京大学预备校学习时,就住在这里。虽然这两所学校的时代不同,但性质相去不远。后来,各个学寮相互竞争,争相聘请优秀的教师前来开班授课。16世纪中期,巴黎49所大学中的大部分都位于拉丁区。

巴黎历史侦探

巴黎大学根据学生的出生地分成了 4 个民族团，这类似一种学生的自治组织。巴黎本地及法国南部、意大利和西班牙的学生属于规模最大的法兰西民族团，他们的礼拜堂位于纳瓦拉书院。据说，早期的大学并没有像样的校舍，也没有像样的课桌和椅子。纳瓦拉书院的文学院位于麦秸路（Rue du Fouarre），fouarre 意为"稻草"，以前学生在破旧的教室上课时，书院会出售稻草垫当作座位，这条路由此得名。下面，让我们一起来看一看但丁创作的《神曲》中的《天国篇》。文中，托马斯·阿奎纳介绍了以他的恩师艾尔伯图斯·麦格努斯为首的 12 位先贤。他把巴黎大学教授、经院哲学学派的希吉尔列在末位，他是这样介绍的。"现在……回到我身边的这光……它是希吉尔的永恒的光，他在麦秸路讲课时，用三段论法推出了引起妒恨的真理。"[1]（摘自《神曲·天国篇》，第 10 章）蓝天白云之下的教室是大学的原点，希望我们可以铭记这一点。在那里，胸怀青云之志的年轻人聚集在一起。如果以为只要有漂亮的校舍和豪华的设施，就能培育智力和教养的话，那就大错特错了。麦秸路一带至今仍然保留着巴黎往昔的氛围，让人十分欣慰。

不论从前还是现在，学生都喜欢调皮捣蛋。下面，我想给大

---

[1] 译文引自田德望译《神曲》（人民文学出版社，2000 年）。

家介绍一下拉伯雷笔下发生在麦秸路一带的恶作剧。前来巴黎大学求学的巨人庞大固埃，与出了名的捣蛋鬼巴汝奇偶遇，二人一见如故，从此形影不离。酷爱恶作剧的巴汝奇每次碰到文学院的师生，"必定捉弄一番……在他们的卷边博士帽里塞一块牛粪"①（摘自《巨人传》第2部，第16章）。有一天，他得到消息说教授们要在麦秸路聚会，可能类似现在我们说的教授会。你猜巴汝奇做了什么？他"准备了一种波旁肉饼，里面掺和了大量的大蒜、橡胶树脂、海狸香和滚热的狗屎"，然后"第二天清早，拿去涂在地板上，那气味之难闻，就是魔鬼也挡不住"。让他这么一弄，教授们一个个摔倒在地，吐成一片，结果"其中十一二个染了瘟病，一命呜呼"。是的，一命呜呼。但不要因此就觉得拉伯雷的小说过于残忍，我还是非常推荐大家读一读的。书中很多描写都很精彩，比如，巴汝奇他们的同伴哀庇斯特蒙在战斗中被砍掉了头脑，巴汝奇"用上等白酒仔细洗净"他的脖子和身体，然后涂上混合着芥末的"粪精散"，于是"奇迹中的奇迹"出现了，哀庇斯特蒙竟然起死回生，还放出了一个"存了很久的大响屁"。这就是拉伯雷笔下的神奇世界。发生在拉丁区的这些恶作剧，正是由屎尿屁的恶趣味和极致的夸张构筑起来的精彩滑稽喜

---

① 译文引自鲍文蔚译《巨人传》（人民文学出版社，2019年）。

剧。不过，我隐隐约约地怀疑，恐怕真的有人做过这样类似的恶作剧。

接下来，离开麦秸路，沿着圣女日南斐法山路的斜坡向上走。左手边可以看到纳瓦拉书院。这所学校是腓力四世的王后胡安娜一世于1304年创建的，是与索邦学院齐名的神学研究中心。这里也没能逃过巴汝奇的恶作剧。巴汝奇看准巡夜兵上山的时间，等他们过来了，把一辆垃圾车顺着斜坡猛地推了下去，"将巡夜兵全都撞翻在地，一个个像猪崽似的在地上翻滚"，他得手之后马上跑得无影无踪。顽皮的学生们还把"恶作剧"搬上了山顶。15世纪中叶，塞纳河右岸的市政厅附近有一块巨大的石头，俗称"恶魔之屁"，学生们把这块大石头搬到了山上。警察每次把石头送回原处，学生们都会把它再搬回来。这块叫作"恶魔之屁"的界碑，象征着崇尚自由的大学（的学生）和政府当局之间的冲突斗争，来来回回的抢石头大战仿佛成了一种游戏。不过，这场争斗最终还是闹上了法庭。维庸很可能是参与过这场恶作剧的学生之一，他后来在代表作《大遗言集》中，把"魔鬼之屁"的故事遗赐给了他的大恩人，抚养他长大的教士纪尧姆。不过，《恶魔之屁》这部作品至今还没有被发现。有些人相信维庸真的写了《恶魔之屁》，但说不定这个故事终究只是虚构的。

坏学生维庸发现了巴黎大学神学系师生存放在纳瓦拉书院法

兰西民族团礼拜堂里的钱财。维庸和他的朋友们闯进学寮,砸碎宝箱,抢走了钱。但是没多久,他们的罪行就被健谈的看门人居伊·塔巴里说漏了嘴。而这位大嘴巴的居伊·塔巴里,在《大遗言集》中竟然是以《恶魔之屁》的执笔者身份出现的。于是,"恶魔之屁"一案和纳瓦拉书院一案交织,谜团越滚越大。

说到学寮,位于圣女日南斐法山北侧的圣女日南斐法图书馆,也就是现在的先贤祠,以前是"蒙泰居学院",伊拉斯谟曾在这里就读。这里有一个纪念牌。这位人文主义领军人物无法忍受宿舍过于严格的规定,不到一年就离开了,多年之后他曾这样自白:"那是三十多年前的事了,当时我住在巴黎,寄宿在一所学寮的宿舍里。……但是呢,我从那里回国时,除了满身污浊的体液和无数的虱子之外,什么都没带回来。……他们让我们睡在硬邦邦的床上,吝啬地施舍一点点难以下咽的食物,整晚整晚地对我们进行填鸭教育。"(出自《谈话集》中的《食鱼者》一篇)。

尊崇伊拉斯谟为师的拉伯雷也不甘示弱。在《巨人传》中,比克克尔战争期间,巨人卡冈都亚用梳子梳理头发时,哗啦啦地掉下来许多敌人的炮弹。于是,卡冈都亚的父亲格朗古杰说道:"好王儿,你把蒙塔居的虱子都带回来了。我可没听说你在那里住过。"(《巨人传》第1部,第37章)。

后来,巴黎的学寮一个接一个地消失了,取而代之的是类似

《高老头》中**伏盖公寓**的寄宿住所。下面，我们一起去探访一下法国最后一所学寮，位于圣女日南斐法图书馆旁边的圣巴尔贝学院。这所学寮因耶稣会创始人罗耀拉和把基督教传入日本的沙勿略曾在这里就读而知名。该校一直存续至1999年，培养了无数优秀的毕业生，包括"无国界医生组织"的创始人贝尔纳·库什内等。

1533年建于波尔多的吉耶纳学院从圣巴尔贝学院挖来了很多教授，一跃成为法国首屈一指的高校。与吉耶纳学院同一年诞生的米歇尔自幼接受精英教育，以拉丁语作为母语，年仅6岁就来到这所新开设的学寮学习，他就是后来著名的《蒙田随笔》的作者——米歇尔·德·蒙田。

围绕**学寮**这一主题，我进行了一次**短暂的旅行**。虽然偶尔可以放飞自我，但学生的本职还是学习。就连诗人维庸也对此感到遗憾，他说："我知道，如果我在胡作非为的青春时光里努力学习，我就能有一个家，有一张柔软的卧榻。而现在，看看我是什么样子！我以前就像一个不良少年，逃避上学。"（《大遗言集》）。

推荐阅读（括号内为日文译本信息）

但丁《神曲·天国篇》。(ダンテ『神曲』「天国篇」，平川祐弘译，河出文库出版，2010年)

拉贝雷《巨人传》。(ラブレー『パンタグリュエル』，宫下志朗译，筑摩文库出版，2005 年)

伊拉斯谟《对话集》。(エラスムス「対話集」，渡边一夫编『世界の名著17』，二宫敬译，1969 年)

本文初出于《法国文学之旅的60个章节》，野崎欢编著，明石书店出版，2018年。其雏形是我为《周刊 司马辽太郎——街道漫步57 南蛮之路其一》(朝日新闻社，2006 年) 写的短文《生于拉丁区的人文主义者》(カルチエ・ラタンが生んだユマニスト)，在此基础上进行了大量的增补。

后　记

　　这部稍稍不同的巴黎历史侦探游记，大家觉得如何？这趟旅程算不上是为了纪念什么，更像是随意去到我感兴趣的地方，然后天马行空地推理一番。希望大家能够喜欢。

　　"我"在文中很多地方都冒出了头来。我并不想写一部关于巴黎的理论论述，而是想把自己在巴黎街头、在有关巴黎的文学作品中肆意漫步的样子，原原本本地记录下来。当然，多少是加了润色的。我希望这可以是一本自然而然地讲述巴黎历史的书，算是我做的一个尝试。另外，新书开本的刊物往往被视为"浅显的入门读物"，我也想打破这种固有印象。但我的尝试是否成功，还要等各位读者朋友来评判。我不在乎专业的表述应该叫"中世纪的城墙"还是其他的什么，如果需要梳理、阐释各种事物的本质，一定有其他更适合的人选。这种头脑清晰

后记

的知识性工作就交给更合适的人，而我只希望自己像一个侦探一样到处走走，四下打探。

不过，本书也不是通常的纪行文学或者散文随笔，在一些关键的地方我都做了解释性的说明。如果有读者朋友对巴黎的历史痕迹和保留着过去记忆的场所感兴趣，可以参考本书最后的推荐书目，来一场自己的时间旅行。当然，如果有人愿意带着这本小书，实地前往巴黎参观，或者如果能生出动身去塞纳河边散散步的念头，那将是我莫大的荣幸。不过，要是我在文中提到的那家葡萄酒店变得比现在更拥挤的话，T先生和S女士怕是要怪我了。我还真是有点纠结。

我在选择巴黎相关推荐书目时发现，不知什么原因，论述巴黎的著作中，关于19世纪巴黎的作品格外突出，至少在日语文献方面是这样的。然而非常遗憾的是，我几乎没能找到描述中世纪以及文艺复兴时期巴黎的著作。我非常希望能有一些这方面的好书，也希望能有更多的旅行者愿意去探索很久很久之前的巴黎，因为巴黎这座城市绝对不会辜负你的期待。这一次，我也没能有足够的时间，去好好地追寻查理五世城墙的遗址。我打算带着这本书，再从巴士底广场重新走一遍。

我在本书中引用了大量的照片，除了马维尔和阿杰特等大师

巴黎历史侦探

名垂摄影史的作品之外,其他所有照片都是我在当地拍摄的。其中有些地方需要重新拍,我特别委托篠田胜英、石割菜穗二人在前往法国时代为拍摄。特此感谢。

另外,今年正值小说家埃米尔·左拉(1840—1902)辞世一百周年,我在书中有意地把左拉作为参照基准之一。因为我一直认为,像这样通过象征的笔触,把近现代城市面临的各种各样的问题创作成小说的,没有人在左拉之上。本雅明(Walter Benjamin)有一个描述颇为巧妙,他说:"酒吧里挂着的乌突突的镜子,就是左拉的自然主义隐喻。"(《巴黎:镜中之城》)我希望通过这本书,能让更多的人对左拉的作品感兴趣。毕竟,左拉的作品在法国长年稳居畅销作品榜之上,他的作品至今还在不断被翻拍成电影。

本书有幸得到善良的企划人堀泽香菜热心促成。她第一次对我说起这个想法,已经是很久之前的事了。最终,我决定创作一本以巴黎为主题的书,利用在海外调研的空隙时间,到巴黎街头和郊外四处走走,拍了一些照片。但是,回到日本之后,我做得不好,总是很难抽出时间完成这本书。尽管如此,堀泽女士还是一如既往地耐心等待,也欣赏"我"在文中时不时探出头来的写作风格。最后,日程安排突然提速,没有足够的时间再好好沉淀

后　记

这些杂乱无章的内容。无论如何，成功地履行了我的职责，还是让我松了一口气。堀泽老师，我们一起完成了一本不错的书，真心地感谢您。

宫下志朗

2002年4月

学术文库版后记

本书在拙作《巴黎历史侦探术》（讲谈社现代新书，2002年）的基础上多加修订，更名为《巴黎历史侦探》。

这是我的第一本新书开本出版物。本书旨在实地走访巴黎，在探寻巴黎历史痕迹的同时，参照相关的文学作品文本，希望能够让更多读者对此类文学作品产生兴趣。很荣幸，大家对这个主题比较满意，不少读者朋友都来信说自己带着这个新书开本的小书，去巴黎走了一圈。

我后来一直致力于拉伯雷和蒙田的著作翻译工作，在这里我想借用蒙田的一段话，他说："我的这部书始终如一。除非为了购书者不致空手而归加印时，我就擅自添加一个额外的象征（其实只是刺眼的贴片）。这只是锦上添花，丝毫不是对初版书的否定，只是试图精益求精，给以后几版增加一点特殊价值。"①(《蒙田随笔集》第3卷，第9章《论虚空》)效仿我敬爱的这位作家，我在全书的最后添加了一个"赠品"——《拉丁区的青春》，作为中世纪和文艺复兴时期的巴黎文学指南。其中引用了但丁、伊拉斯谟和拉伯雷的作品，应该算是一个不错的收尾。

虽然我后来多次造访巴黎，但始终没有时间重新仔细观察本书中提到的地方。当然，我去了一些我钟爱的地方，比如腓力二世·奥古斯都城墙的遗址，正是那里给了我创作本书的灵感。我在《城墙的拟态》一节中提到了巴黎里查曼高中旁边的那段墙壁，如果"上前仔细观察这段石墙，可以看到这里的石砖上也刻有石匠的十字标记"，但我后来再去的时候，发现墙面似乎被清洗过，那些标记已经模糊不清了。这让我颇为沮丧，毕竟并不是说把表面弄干净就是好事。相反，在关于《城墙的负片》的内容中，我提到了卢浮宫路13号的城墙，那里就保存得很好。这是一个适合散步的好地方，五星推荐。

听朋友说，第2章《拱廊街漫步》中提到的我发现的"索邦拱廊街"的痕迹，非常遗憾，也找不到了。我猜第4章《探寻传说中的公共卫生间》中提到的两个旧卫生间（分别在桑特监狱和

---

① 译文引自马振骋译《蒙田随笔集》(译林出版社，2014年)。

米拉波地铁站附近），肯定也找不到了。这样的话，本书可能会成为巴黎"卫生间文化遗产"的珍贵记录，反而令我有点自豪。在"朗布托柱"进化论一节中，我附上了"带公共卫生间的广告牌"和"带电话亭的广告牌"的照片，这些复合型塔柱似乎也消失了。也难怪，距离本文初版已经过去20年了，有些东西找不到了也是情有可原。即便在当时，最适合郊外徒步旅行的**印象派散步道**也在渐渐变得冷清，不知道现在怎么样了。

总之，本书记录了20世纪末21世纪初我在巴黎及其周边地区的一场漫步，并没有根据最新的现实状况进行更新。回想我执笔本书之初，那时还没有维基百科，连"Google一下"这个说法也还没出现。我完全是根据书本上的知识，还有自己四处奔走搜集的信息完成的创作。当时拍照还是用胶卷的，现在想来，实在让人觉得恍若隔世。总的来说，本书是一份上一个时代的巴黎时空探索记录。随着文库版的发行，我在内容中新增了一些照片，另外还用（数码相机拍摄的）新照片替换掉了一些旧照片。

我在新书版的后记中提到过："在书中有意地把左拉作为参照基准之一。因为我一直认为，像这样通过象征的笔触，把近现代城市面临的各种各样的问题创作成小说的，没有人在左拉之上。"我的想法至今也是如此。后来有幸与小仓孝诚先生一起编辑的《左拉选集》（藤原书店出版）顺利付梓，现在我们不仅能

学术文库版后记

读到左拉的小说，还能读到相关的评论和信件。几乎与之同一时期，在小田光雄先生艰苦卓绝的努力之下，左拉的长篇巨著《卢贡·马卡尔家族》（论创社）也陆续出版。左拉穷尽毕生心血的力作《卢贡·马卡尔家族》共20卷，加上已经出版有文库版的《小酒店》，我们现在可以享受通读全部20卷译本的无上乐趣。作为左拉的忠实读者，我实在非常开心。

最后，我要特别感谢讲谈社学术图书编辑原田美和子女士，改版发行文库本是我不曾奢望过的，是她把这本书从被遗忘的边缘拉了回来。非常感谢。

我由衷地希望，因为文库版的面市而新出现的读者朋友，能够早日带着这本小书，在巴黎街头自由自在地漫步。

宫下志朗
2020年9月

推荐阅读

介绍巴黎的书籍浩如烟海。这里仅列举出与本书内容相关的部分书籍，以及本书的参考文献。

[ ] 中为本书出版时增补的相关出版信息。

1 地图、百科全书、旅游指南等

◆ *Plan de Paris,* Michelin.

众所周知的米其林制巴黎地图。地图比例尺为 1:10000，即地图上 1 厘米相当于实际的 100 米。当然，还有许多其他的巴黎地图。比如……

◆ *Paris. Plan piéton et cycliste,* Media Cartes.

上面提到的米其林是一家轮胎公司，所以他们出版的地图上把每一处加油站都标了出来，但这一本地图截然相反。这本地图清楚地标出了散步道、步行街、自行车道、篮球场、健身房、电影院、图书馆等，非常方便。这本地图宣传的卖点是"以步行和骑自行车的方式探寻巴黎"。至于这本地图是否畅销，就不得而知了。

◆ 阿尔弗雷德·费罗（Alfred Fierro）著《巴黎历史百科全书》（日文译本『パリ歴史事典』，鹿岛茂监译，白水社出版，2000 年）。

巴黎历史爱好者以及对巴黎大大小小的历史遗迹感兴趣的读者的必备宝典。仅与本书相关的条目就数不胜数："小丑""韦帕芬""环形铁路""拾荒者""星期一""公共卫生间""城墙""洗衣房""包税人城墙""公共马车"，等等。本书尽可能地避免与这本百科全书的内容产生重复，强烈推荐大家找来读一读。[大众普及版，2011 年]。

◆ A.Franklin, *Dictionaire historique des arts, métiers et professions exercés dans Paris*, H. Welter, 1906.

不是因为作者是费罗的老师所以才推荐的。书中详细记载了中世纪以来有关巴黎各种职业的信息。

◆ J. Hillairet, *Dictionaire historique des rues de Paris,* 2 vol. et suppl., Ed. Du Minuit, 1963/1972.

本书第 5 章中介绍了这本书的日文译本『パリ道路歴史事

典』(《巴黎街道历史百科全书》)。这是一本详尽记述了巴黎各条街道历史的呕心沥血之作。为了纪念这本书的作者，巴黎第12区的地铁站蒙特加雷站附近，有一条路被命名为"雅克·伊雷赫路"。

◆ 让·罗伯特·皮特（Jean-Robert Pitte）编，《巴黎历史地图》（日译版『パリ歴史地図』，木村昌三郎监译，东京书籍出版，2000年）。

一本让人沉迷其中、忘记时间的书。编者皮特为著名地理学家。

◆ D. Chadych/D. Leborgne, *Atlas de Paris-Evolution d'un paysage urbain*, Parigrame, 1999.

这也是一本用地图来讲述巴黎历史的佳作。包含大量彩色照片，赏心悦目。私以为值得译介引入。

◆ 米其林《巴黎 第2版》(米其林绿宝书)，实业之日本社出版，1994年。

细细读来，你会惊讶于这本书的包罗万象、事无巨细。

◆ *Let's Go Paris*, N.Y., St. Martin's Presse, 1998.

提供了很多有趣的娱乐信息。比如，关于爵士乐俱乐部，介绍了"New Morning"的什么座位音效最好，"Le Petit Journal Montparnase"是"有钱的老年顾客的最爱"。另外还介绍了网站的信息。

- ◆ A. Joanne, *Le guide Parisien*, Hachette, 1863. 俗称《蓝宝书》。

- ◆ A. Joanne, *Paris-Diamant,* Hachette, 1867.
  本书介绍过的《巴黎游客钻石指南》。这本书的旧书在巴黎售价为 150 法郎。

- ◆ *Le nouveau conducteur de I'Etranger à Paris*, J. Moronval, 1836 (18éd).
  本书中介绍过的《巴黎外国人新指南》。初版发行于 19 世纪初，大获好评。甚至出现了《真·巴黎外国人新指南》之类的仿冒品，还闹上了法庭。

- ◆ 玉村丰男著『パリ　旅の雑学ノート』(《巴黎：旅行杂学笔记》)，共两卷，钻石社出版，1977 年—1978 年 / 新潮文库，1983 年。
  巴黎考古学的鼻祖。当然，书中的信息已经陈旧，但是这正是它的有趣之处。

- ◆ 稲叶宏尔著『ガイドブックにないパリ案内』(《旅游指南中没有的巴黎》)，TBS-BRITANNICA 出版，1997 年。
  作者是一位生活在巴黎的艺术总监。正如书名所示，这本指南介绍的不是名胜古迹，而是巴黎一些不知名的小巷等有趣的地方。其中提到了我儿子就读的小学附近的卡塔洛涅广场，以及达盖尔路，我们几乎每天都去那边买东西。另外，还提到了本书介绍过的酒吧**红男爵**。

◆ **岛田纪夫著『セーヌの印象派』**（《塞纳河的印象派》），**小学馆出版，1996 年**。

这本杂志书（mook）会带领大家沿着印象派和黑田清辉画作中的风景漫步。

2 巴黎理论等

◆ **喜安朗著『パリの聖月曜日』**（《巴黎的神圣星期一》），**平凡社出版，1982 年**。

生动地描绘了 19 世纪巴黎民众的生活样态，是一本引发了社会史热潮的经典名著。[岩波文库，2008 年]

◆ **北山晴一著『美食と革命——十九世紀パリの原風景』**（《美食与革命——19 世纪巴黎原风景》），**三省堂出版，1985 年**。**// 朝日新闻社出版，《朝日选书"美食的社会史"》，1991 年**。

法语副标题为"食欲的生理学"。与这本书同一系列的『おしゃれと権力』（《时尚与权力》）也是必读的经典之作。

◆ **大岛洋著『アジェのパリ』**（《阿特金斯的巴黎》），**美篶（みすず）书房出版，1998 年**。

这本书是著名摄影师厚重的摄影集《Atget Paris》，在巴黎漫步的记录。书中随处可见专业摄影师的独到眼光，让人回味无穷。长期居住在巴黎的人的必备之作。[新版 2016 年]。

◆ **山田登世子著『リゾート世紀末』**（《世纪末的度假胜地》），**筑摩书房出版，1998 年**。

围绕 19 世纪末巴黎郊外水边这一意象展开了妙趣横生的论述，配有许多插图。

◆ **鹿岛茂著『パリ時間旅行』**（《巴黎时间旅行》），**筑摩书房出版，1993 年**。

提到了电影《悲哀的桃乐丝》中出现的廊街"巴黎时光隧道"，以及相传投稿给《马维尔影集》（尚未出版）的评论文章等〔中公文库，1999 年〕。

◆ **堀江敏幸的一系列著作**。

在看似随意、实际上并不随意地描写巴黎郊区方面，无人能出其右。包括『郊外へ』（《去郊外》，白水社出版，1995 年）、『おぱらばん』（《从前》，青土社出版，1998 年〔新潮文库，2009 年〕）、『子午線を求めて』（《寻找子午线》，思潮社出版，2000 年（讲谈社文艺文库，2019 年）等。

◆ **Hubert de Maximy 著《红色文件》。**（日译本『赤の文書』筱田胜秀译，白水社出版，2001 年）。

硬汉文学。以中世纪末的巴黎为背景，比弗朗索瓦·维庸所在的年代更早一点。书中充当侦探的主人公，本职工作是代他人撰写法律文书。"在这条街的西边，奈斯勒塔紧临着塞纳河。对面，右岸新建的城墙向下游延伸了200突阿斯[①]。塔下有一台老式的卷扬机，现在太阳落山时，它仍会在河面上拉起一条与河道交叉的锁链……"

◆ 欧内斯特·海明威著《流动的盛宴》（日译本『移動祝祭日』福田陆太郎译，1964年，三笠书房出版 // "当代图书馆"系列，岩波书店出版，1990年）。

"假如你有幸年轻时在巴黎生活过，那么你此后一生中不论去到哪里她都与你同在，因为巴黎是一席流动的盛宴。"想必不少读者都对开篇的这段题记印象深刻。这本书是巴黎相关书籍中经典中的经典。下面这本研究海明威的学者写的杂志书也很有意思。

◆ 今村楯夫著『ヘミングウェイのパリ・ガイド』（《海明威的巴黎指南》），小学馆出版，1998年。

作者是美国人，大学讲师，狂热的巴黎粉丝。据说他每年都在巴黎举办暑期讲座。

---

① 突阿斯（Toise），法语中圈长度单位，约等于1.95米或6.4英尺，应用于早期的土地计量。

- N. R. Fitch, Walks in Hemingway's Paris, St. Martin's Press, 1989.
- Le visiteur, 巴黎（1995—　）。

  一位法国的朋友得知我正在写一本关于巴黎的书后，给了我这本杂志。这本杂志是法国建筑师协会出版的，带有"巴黎街头观察"的性质，非常真实，是一本内容精致的杂志。

- 石井洋二郎著『パリ』（《巴黎》），筑摩新社，1997年。

  包括「門をくぐる」（穿过大门）、「橋を渡る」（过桥）等篇章，把巴黎作为一个象征性的、历史性的空间，进行梳理和解读。

- 小仓孝诚著『19世紀フランス夢と創造』（《十九世纪法国的梦想与创造》），人文书院出版，1995年。

  以图文并茂的法国著名周刊《画报》（*L'Illustration*）为主要题材，探讨了法国社会的变革。之后还出版了续篇『光と闇の空間』（《光明与黑暗的空间》）和『愛・恐怖・群衆』（《爱、恐惧与群众》）等。

- B. Lemoine, *Les passages couverts en France*, diff. Picard, 1990.

  这是本书第2章中提到的那本"专门介绍拱廊街的书"。书中包括法国所有拱廊街的总目录，读过之后让人想把它们全部走一遍。据说这本书已经绝版了，但是巴黎拱廊街上的旧书店里还能见到，不是非卖品。

◆ 罗歇·亨利·盖朗（Roger-Henri Guerrand）著《卫生间的文化史》，（日译本『トイレの文化史』大谷隆安译，筑摩学艺文库出版，1995 年）。

巴黎卫生间的历史。

◆ Denvir, Bernard 编，《素颜印象派》，（日译本『素顔の印象派』，末永照和译，美术出版社出版，1991 年）。

收录了与印象派同时代的人的观点，编年体，非常便于查找。

◆ 宫下志郎著『読書の首都パリ』（《阅读之都巴黎》），美篶书房出版，1998 年。

包括「期待の地平をあけること」（突破期待的地平线）等左拉研究理论，以及巴黎租书店的故事和新闻小说评论等。

◆ 宫下志郎著『テクスト漫華鏡』（《文本万花镜》）(1) - (21)，『図書新聞』（《图书报刊》），1997 年—1998 年。

本书借鉴了该系列连载的部分内容。

◆ 宫下志郎、小仓孝诚编『ゾラ・セレクション』（《左拉选集》）全 11 卷，藤原书店出版。

为纪念左拉辞世一百周年，于 2002 年底陆续出版。该选集以有关巴黎的小说为主——其中大部分在本书中未提及——另外还包含了艺术评论和新闻报道类的文章。

3　影集等

- ◆ D. Pellerin, *La photographie stereoscopique*, B. N. F., 1995.
  立体照片展览会的目录。当然，附带眼镜。
- ◆ B. Ollier, *Robert Doisneau*, Hazan, 1996.
  杜瓦诺创作的大部头影集。
- ◆ Cendrars/Doisneau, *La Banlieue de Paris*, Denoël, 1983.
  杜瓦诺拍摄的巴黎郊外的照片，桑德拉尔配文。
- ◆ M. de Thézy, *Marville Paris*, Hazan, 1994.
  马维尔创作的大部头影集。
- ◆ *Atget Paris*, Hazan, 1992.
  阿杰特创作的大部头影集。大岛洋先生随身携带。
- ◆ 『ウジェーヌ・アジェ回顧』（《回顾尤金·阿杰特》），淡交社，1998 年。
  同年，于东京都立摄影美术馆举办的回顾展的目录。
- ◆ 谷川渥著『形象と時間』（《形状与时间》），讲谈社学术文库，

1998年。

本书参考了第9章《马的形象》(écriture)。

◈ 松浦寿辉著『表象と倒錯』(《表象与倒错》),筑摩书房出版,2001年。

通过以"计时摄影"著称的艾蒂安·朱尔斯·马莱的一系列照片,探讨了近代西方的"表象"和"形象"这两个概念之间的此消彼长。

◈ J-H. Mallet(图), G. de Berticq de Sauvignon, Tableau de Paris(日译本『タブロー・ド・パリ』(《巴黎图景》),鹿岛茂译并解题,新评论出版,1984年 // 藤原书店出版,1993年。

详细介绍了石版印刷。石版印刷以类似"快照"的形式,记录下了巴尔扎克时期巴黎的世井样态。

4 文学作品中的巴黎

本文原文引用的文学作品日文译文出自以下书目,作者对其中部分的拼写和术语有改动。

◈ 梅西尔埃著《巴黎图景》的日译本『十八世紀パリ生活誌』上・下,原宏编译,岩波文库出版,1989年。

原文卷帙浩繁，是一个节选的翻译。其余的翻译自 *Tableau de Paris,* vol. 2, Mercure de France (1994)。

◆ 『バルザック全集 26 書簡集』（《巴尔扎克全集 26 书信集》），伊藤幸次、私市保彦译，东京创元社出版，1976 年。

◆ 『ボードレール全詩集 1 悪の華』（《波德莱尔诗集 1 恶之华》），阿部良雄译，筑摩文库，1998 年。

◆ 『ボードレール批評　2』（《波德莱尔论 2》，阿部良雄译，筑摩文库，1999 年。

◆ 『ランボー全詩集』（《兰波全诗集》），平井启之、汤浅博雄、中地义和译，青土社出版，1994 年。

◆ 兰波著『地獄の季節』（《地狱一季》），粟津则雄译，集英社文库出版，1992 年。

本书引用了其中的《感觉》一篇。

◆ 『モーパッサン全集』（《莫泊桑全集》）全 3 卷，春阳堂书店，1965/1966 年。

其中还收录了本人的短篇拙译。

◆ 左拉著『居酒屋』（《小酒店》），清水徹译，『集英社ギャラリー、世界の文学 7』（《集英社丛书　世界文学 7》），集英社出版，1990 年。

◆ 左拉著『ナナ』（《娜娜》），平冈笃赖译，『世界の文学　新

集 22』(《世界文学 新集 22》)，中央公论社出版，1968 年。

◆ 普鲁斯特著『失われた時と求めて』(《追忆似水年华》)全 10 卷，井上究一郎译，筑摩文库，1992/1993 年。

◆ 『レーモン・ラディゲ全集』(《雷蒙·拉迪盖全集》)，江口清译，东京创元社出版，1976 年。

◆ 『世界紀行文学全集』「フランスⅠ」「フランスⅡ」(《世界纪行文学全集》中的《法国Ⅰ》《法国Ⅱ》)，修道社出版，1972/1971 年。

"日本人眼中的法国"的集大成之作，非常值得一读。本书引用了辰野隆所作《巴里漫步》的片段。

【补遗】

本书初版发行于 2002 年，之后市面上又出现了很多关于巴黎的书，在此仅列出部分臻选佳作。

1 本书中出现的文学作品的最新日文译本。

◆ 『モーパッサン短編選』(《莫泊桑短篇小说选》)，高山铁男编译，岩波文库，2002 年 // 『モーパッサン短編集』(《莫泊桑短篇小说集》)，山田登世子编译，筑摩文库，2009 年。这两本书中都收录有《项链》一篇。

◆ 『テレーズ・ラカン』(《红杏出墙》),收录于『ゾラ・セレクション1　初期名作集』(《左拉文选1 早期名作集》),左拉著,宫下志朗译,藤原书店,2004年收。

其中收录有本书提到的短篇小说《猫的天堂》的最早日文译本。

◆ 『ボヌール・デ・ダム百貨店』(《妇女乐园》),左拉著,吉田典子译,收录于『ゾラ・セレクション5』(《左拉文选5》),藤原书店,2004年。

◆ 『失われた時と求めて』(《追忆似水年华》)全14卷,普鲁斯特著,吉川一义译,岩波文库,2010—2019年。

◆ 『移動祝祭日』(《流动的盛宴》),海明威著,高见浩译,新潮文库,2009年。

2　别具特色的"关于巴黎的书"

◆ 木俣元一、艺术新潮编辑部编『パリ　中世の美と出会う旅』(《巴黎 邂逅中世纪美的旅途》),新潮社出版,蜻蜓书系列,2008年。

彩色版,非常漂亮。书中介绍了城墙的遗址,还包含了沙特尔和桑利斯等地的照片。

- ◆ 鹿岛茂著『パリのパサージュ』(《巴黎的拱廊街》)，平凡社，Corona Books 系列丛书，2008。

  书中提供了大量的照片，想要了解巴黎拱廊街，有这一册足矣。

- ◆ 藤田一咲摄影并配文,『PARIS PARIS』，光村推古书院出版，2018 年

  一本让人愉悦的影集，拍摄了很多复古的咖啡馆和餐厅等。

- ◆ 宫下志朗著「文学のコスモポリタニズム——媒介者としての二軒の書店」("世界主义文学——作为媒介的两家书店")，宫下志朗、小野正嗣编『世界文学への招待』(《世界文学入门》)，放送大学教育振兴会出版，2016 年。

  通过描写两位女书商/出版商，即"莎士比亚书店"的西尔维娅·皮奇和"书友之家"的阿德里安·莫尼耶，描绘了两次世界大战期间的巴黎。放送大学指定教材。放送大学课程中，还出现了瓦尔特·本雅明曾住过的地方等外景镜头。

- ◆ 罗杰·格勒尼埃（Roger Grenier），*Paris ma grand'ville*（《巴黎是我的家》)，日译本『パリはわが町』，宫下志朗译，美篶书房出版，2016 年。

  作家格格勒尼埃（1919 年—2017 年）以巴黎街道的编号为线索，回忆了自己的种种经历。比如，作者曾在**市政厅广场**

上亲眼见证了 1944 年 8 月的**巴黎解放**，留下了重要的记录。

3　关于巴黎历史方面，推荐以下两本：

◆　高泽纪惠著『近世パリに生きる——ソシアビリテと秩序』（《生活在近代的巴黎——社会与秩序》），岩波书店出版，2008 年。

◆　喜安朗著『パリ——都市統治の近代』（《巴黎——城市统治下的近代》），岩波新书，2009 年。

译名对照表

日文	中文	法文
フォーブール・サン＝タントワーヌ	圣安托万街区	Faubourg Saint-Antoine
バスチーユ広場	巴士底广场	Place de la Bastille
シャロンヌ通り	夏洪尼路	Rue de Charonne
シャロンヌ村	沙隆村	Village de Charonne
ペール＝ラシェーズ墓地	拉雪兹神父公墓	Cimetière du Père-Lachaise
シャロンヌ教会	圣日耳曼德沙隆教堂	Église Saint-Germain de Charonne
サン＝ブレーズ通り	圣布莱斯路	Rue Saint Blaise
牧場通り	牧场路	Rue des Prairies
ブドウ畑通り	葡萄园路	Rue des Vignoles
野菜栽培人	菜农	Maraîchers
バニョレ通り	巴尼奥雷路	Rue de Bagnolet
環状鉄道	巴黎小环线铁路	Ligne de Petite Ceinture
シャロンヌ駅	沙隆站	Charonne

本译名对照表以正文中出现顺序排序。

译名对照表

マルヴィルのパリ	马维尔的巴黎	Marville Paris
マルヴィル	马维尔	Marville Charles
セーヌ県	塞纳省	Seine
オスマン	奥斯曼	Georges-Eugène Haussmann
アントワーヌ＝デュボワ通り	安托万杜布瓦路	Rue Antoine-Dubois
ポリドール	波利多	Polidor
オデオン	奥德翁路	Rue de l'odéon
サン＝ジェルマン大通り	圣日耳曼大道	Boulevard Saint-Germain
医学校通り	医学院街	Rue de l'Ecolede Médecine
パリ大学医学部	巴黎大学医学院	
ムッシュー・ル・プリンス通り	王子先生路	Rue Monsieur-le-Prince
ジャン＝ジャック・ルソー	让-雅克·卢梭	Jean-Jacques Rousseau
ジャック・イレレ	雅克·伊雷赫	Jacques Hillairet
パリ道路歴史事典	巴黎街道历史辞典	Dictionnaire historique des rues de Paris
パリ＝ディアモン	巴黎游客钻石指南	Paris-Diamant
ランボー	阿蒂尔·兰波	Arthur Rimbaud
ヴェルレーヌ	魏尔伦	Paul Verlaine
マルヌ川	马恩河	Marne
フィリップ・オーギュストの城壁	腓力二世·奥古斯都城墙	Enceinte de Philippe Auguste
カエサル	恺撒	Gaius Julius Caesar
ガリア戦記	高卢战记	Commentarii de Bello Gallico
バール通り	栅栏路	Rue des Barres
サン＝ジェルヴェ・サン＝プロテ	圣杰维圣波蝶教堂	Eglise Saint-Gervais-Saint-Protais

267

巴黎历史侦探

シテ島	西堤岛	Île de la Cité
サン＝ルイ島	圣路易岛	Île Saint-Louis
カペー朝	卡佩王朝	Capétiens
ムーラン伯	莱斯特伯爵	Robert de Beaumont, 1st Earl of Leicester, Count of Meulan
サン＝ドニ修道院年代記	圣德尼修道院年代记	Chroniques de Saint-Denis
ルーヴル美術館	卢浮宫博物馆	Musée du Louvre
ルーヴル宮の歴史展示館	卢浮宫历史展馆	
シュリー棟	叙利馆	Aile Sully
ドンジョン	城堡的主楼	Don Jon
シャルトルの大聖堂	沙特尔大教堂	Cathédrale Notre-Dame de Chartres
サン＝ルイ王の地下聖堂	圣路易厅	La Crypte Saint-Louis
シャルル六世	查理六世	Charles le Bien-aimé
シャトー＝ガイヤール	盖拉德城堡	Château Gaillard
リチャード獅子心王	狮心王 即查理一世	Richard the Lionheart
ノートル＝ダム大聖堂	巴黎圣母院	Cathédrale Notre Dame de Paris
サンスの館	桑斯府邸	Hôtel de Sens
リセ・シャルルマーニュ	巴黎查理曼高中	Lycée Charlemagne
サン＝タントワーヌ門	圣安托万门	Porte Saint-Antoine
サン＝ポールの隠し戸	圣保罗暗门	Poterne Saint-Paul
リヴォリ通り	里沃利街	Rue de Rivoli
国立古文書館（アルシーヴ・ナショナル）	法国国家档案馆	Les Archives nationales

译名对照表

フランソワ＝ミロン通り	弗朗索瓦米龙大街	Rue François Miron
歴史的パリ保存協会	历史巴黎保护和价值重现协会	Association pour la Sauvegarde et la Mise en valeur du Paris historique
シトー会	熙笃会	Cistercians（英语）
ウルスカン修道院のパリ宿舎	乌尔斯坎普修道院的巴黎宿舍	Maison d'Ourscamp
ウルス殿	乌尔斯先生	Seigneur de l'Ours
ジャン・ロッシュ	让·罗什	Jean Roche
ブルゴーニュ公国	勃艮第公国	Bourgogne
ジャン・サン・プール（ジャン無畏公）	无畏的约翰	Jean sans Peur
オルレアン王家	奥尔良王室	Orléans
公益質屋	公立当铺	Mont-de-piété
クレディ・ミュニシパル銀行	巴黎市立典当银行	Credit Municipal de Paris
レ・アル	巴黎大堂	Les Halles
商品取引所	商品交易所	Bourse de Commerce
ルーヴル通り	卢浮宫路	Rue du Louvre
サン＝ミシェル橋	圣米歇尔桥	Saint-Michel Bridge
ポン＝ヌフ	新桥	Pont Neuf
コンティ河岸	孔蒂码头	Quai de Conti
造幣局	巴黎钱币博物馆	Monnaie de Paris
フランス学士院	法兰西学院	L'institut de France
ネールの塔	奈斯勒塔	Tour de Nesle
ヴィヨン	弗朗索瓦·维庸	François Villon
ジョルジュ・ブラッサンス	乔治·布拉桑	Georges Brassens
昔日の美女たちのバラード	古美人谣	Ballade des Dames du temps jadis
フィリップ・ル・ベル	腓力四世	Philippe IV le Bel

巴黎历史侦探

ピュリダン	布里丹	Jean Buridan
バーゼルのパリ図	巴塞尔巴黎地图	Le plan de Paris par Truschet et Hoyau
バーゼルのパリ図	盖内高街	Rue Guénégaud
マザリーヌ通り	马萨林路	Rue Mazarine
シャルル五世	查理五世	Charles V le Sage
宰相マザラン	宰相马萨林	Jules Cardinal Mazarin
パサージュ・ドーフィーヌ	王妃拱廊	Passage Dauphine
マゼ通り	安德烈马茜路	Rue André Mazet
クール・デュ・コメルス・サン=タンドレ	圣安德烈商业街	Cour du Commerce Saint-André
カフェ・マゼ	马茜咖啡馆	The Mazet
カフェ・プロコープ	普罗可布咖啡馆	Le Procope
コメディ・フランセーズ	法兰西喜剧院	Comédie-Française
旧コメディ通り	老喜剧院街	Rue de l'Ancienne-Comédie
ロベスピエール	罗伯斯庇尔	Maximilien Robespierre
ダントン	丹东	Georges-Jacques Danton
ジョルジュ・サンド	乔治·桑	George Sand
オスカー・ワイルド	奥斯卡·王尔德	Oscar Wilde
サン=ジェルマン堀割通り	圣日耳曼护城河路	Rue des Fossés-Saint-Germain-des-Prés
パリ第六大学	巴黎第六大学	Université Paris VI, Université Pierre et Marie Curie
フランシスコ会	方济各会	Francescano（意大利文）
サン=ミシェル大通り	圣米歇尔大道	Boulevard Saint-Michel
マルブランシュ通り	马勒伯朗士路	Rue Malebranche
サン=ジャック通り	圣雅克路	Rue Saint-Jacques
カルチエ・ラタン	拉丁区	Quartier Latin

译名对照表

サン＝ジャック門	圣雅克门	Porte Saint Jacques
ル・ポール・デュ・サリュ		Au Port du Salut
アジェ	阿杰特	Eugène Atget
サン＝ジャック堀割通り	圣雅克护城河路	Rue des Fossés Saint-Jacques
トゥアン通り	图安路	Rue Thouin
エストラパード広場	吊刑广场	Place de l'Estrapade
コントレスカルプ広場	护城广场	Place de la Contrescarpe
ラ・ショップ	大啤酒杯咖啡馆	La Chope
サン＝マルセル門	圣马塞尔门	Porte Saint-Marcel
ボルデル門	博德尔门	Porte Bordelle
ブランヴィル通り	布兰维尔路	Rue Blainville
カフェ・デ・ザマトゥール	艾美特咖啡馆	Café des Amateurs
移動祝祭日	流动的盛宴	A Movable Feast（英文）
ムフタール通り	穆浮塔街	Rue Mouffetard
ジョルジュ・ブラック	乔治·布拉克	Georges Braque
ビエーヴル川	比耶夫尔河	Bièvre
カルディナル＝ルモワーヌ通り	乐牧安红衣主教路	Rue du Cardinal Lemoine
元のサン＝ヴィクトール堀割通り	圣维克托护城河路	Ancienne Rue des Fossés Saint-Victor
クローヴィス通り	克洛维路	Rue Clovis
学校通り	学校路	Rue des Écoles
サン＝ベルナール堀割通り	圣伯纳德佛赛斯路	Rue des Fossés-Saint-Bernard
アラブ世界研究所	阿拉伯世界研究中心	Institut du monde arabe
パリ第六・第七大学	巴黎第六·第七大学	Université Pierre & Marie Curie (Paris VI), Université Paris Diderot (Paris VII)

巴黎历史侦探

トゥルネル河岸	托内尔码头	Quai de la Tournelle
トゥルネル塔	托内尔堡	Château de la Tournelle
シャルル五世の城壁	查理五世城墙	Enceinte de Charles V
モントルグーユ街	蒙特戈依街	Rue Montorgueil
バスチーユ砦	巴士底狱	Fort De La Bastille
サン＝タントワーヌ修道院	圣安托万修道院	Saint-Antoine-l'Abbaye
サン＝タントワーヌ病院	圣安托万医院	Hôpital Saint-Antoine
ヴァンセンヌの森	文森森林	Bois de Vincennes
シャイヨ	夏乐宫	Palais de Chaillot
オートゥイユ	欧特伊	Auteuil
アムロ通り	阿姆洛路	Rue Amelot
シルク・ディヴェール	布格里奥纳冬季马戏团	Cirque d'Hiver Bouglione
ベリー公のいとも豪華なる時禱書	贝里公爵的豪华时祷书	Les Très Riches Heures du Duc de Berry
シャルル五世の図書室	查理五世图书馆	Librairie de Charles V
マレー地区	玛莱区	Le Marais
サン＝ポールの館	圣波尔行宫	Hôtel Saint-Pol
鉄仮面伝説	铁面人传说	Les Légendes du Masque de fer
サド侯爵	萨德侯爵	Marquis de Sade
ソドムの百二十日	索多玛120天	Les 120 journées de Sodome
ナポレオン	拿破仑	Napoléon Bonaparte
ユゴー	雨果	Victor Hugo
レ・ミゼラブル	悲惨世界	Les Misérables
ガヴロッシュ	伽弗洛什	Gavroche
七月革命	七月革命	Révolution de Juillet

译名对照表

七月の円柱	七月柱	Colonne de Juillet
ボビニー	博比尼	Bobigny
シュリ＝モルラン駅	叙利-莫尔朗站	Sully - Morland
シュリ橋	叙利桥	Pont de Sully
アンリ＝ガリ辻公園	亨利伽利街心公园	Square Henri Galli
サン＝タントワーヌ通り	圣安托万路	Rue Saint-Antoine
トゥルネルの館	托内尔行宫	Hôtel des Tournelles
フランソワ一世	弗朗索瓦一世	François I
アンリ二世	亨利二世	Henri II
モンゴメリー	蒙哥马利	Gabriel de Montgomery
アンプロワーズ・パレ	安布鲁瓦兹·帕雷	Ambroise Paré
ノストラダムス	诺查丹玛斯	Nostradamus
大予言	百诗集	Les Prophéties
サロン・アン・プロヴァンス	普罗旺斯地区萨隆	Salon-de-Provence
ミシェル・ド・ノートルダム	米歇尔·德·诺特达姆	Michel de Nostredame
ジャン・ゲロー	让·盖劳德	Jean Guéraud
リヨン年代記	里昂年代记	La chronique Lyonnaise
カトリーヌ・ド・メディシス	凯瑟琳·德·美第奇	Catherine de Médicis
イザボー様	伊丽莎白	Élisabeth de Valois
フェリペ二世	费利佩二世	Felipe II de España（西语）
サヴォワ公	萨伏依公爵	Emanuele Filiberto di Savoia（意语）
マルグリット・ド・フランス	法兰西的玛格丽特	Marguerite de France
ロルジュ殿	洛尔热勋爵	Lorges
フランソワ二世	弗朗索瓦二世	François II
シャルル九世	查理九世	Charles IX
宗教戦争	宗教战争	Guerres de religion

巴黎历史侦探

ナントの王令	南特敕令	Édit de Nantes
アンリ四世	亨利四世	Henri IV
ドーフィーヌ広場	王妃广场	Place Dauphine
国王広場	皇家广场	la Place Royale
ヴォージュ広場	孚日广场	Place des Vosges
サン゠マルセル	圣马塞尔	Saint-Marcel
ゴブラン織り	棉织画	Gobelins
ラブレー	拉伯雷	François Rabelais
パンタグリュエル	巨人传	La vie de Gargantua et de Pantagruel
パニュルシジュ	巴汝奇	Panurge
パンタグリュエル	庞大固埃	Pantagruel
フォリー・ゴブラン	哥白林家的乡间别墅	la Folie Gobelin
ブーローニュ	布洛涅	Boulogne
バガテル	巴葛蒂尔	Bagatelle
プルースト	普鲁斯特	Marcel Proust
アルトワ伯	阿图瓦伯爵	comte d'Artois
シャルル10世	查理十世	Charles X
ポルト・ド・バニョレ	巴纽莱门	Porte de Bagnolet
バニョレ通り	巴纽莱路	Rue de Bagnolet
グラン・サロン・ド・ラ・フォリー	疯狂沙龙大舞厅	Grand Salon de la Folie
居酒屋	小酒店	L'assommoir
ナナ	娜娜	Nana
フォリー・ベルジェール	女神游乐厅	Folies Bergère
写真17		
サン゠トノレ門	圣奥诺雷门	Porte Saint-Honoré
フォーブール・サン゠トノレ	圣奥诺雷市郊路	Rue du Faubourg Saint-Honoré
パレ゠ロワイヤル	巴黎皇家宫殿	Palais-Royal

274

译名对照表

オペラ通り	歌剧院大街	Avenue de l'Opéra
風車通り	风车磨坊路	Rue des Moulins
サン＝フィリップ＝デュ＝ルール教会	鲁莱圣斐理伯教堂	Église Saint-Philippe-du-Roule
バルザック	巴尔扎克	Honoré·de Balzac
ゴリオ爺さん	高老头	Le Père Goriot
モンマルトルの丘	蒙马特	Montmartre
ムーラン・ド・ラ・ガレット	煎饼磨坊	Moulin de la Galette
ムーラン・ルージュ	红磨坊	Moulin Rouge
ルノワール	雷诺阿	Pierre-Auguste Renoir
ロートレック	罗特列克	Henri de Toulouse-Lautrec
ゴッホ	凡·高	Vincent Willem van Gogh
シャペル地区	小教堂街区	La Chapelle
クーポー	古波	Coupeau
ジェルヴェーズ	绮尔维丝	Gervaise
銀風車	银磨坊酒店	Moulin-d'Argent
ランチエ	郎第耶	Lantier
きれいな風車通り	漂亮风车磨坊路	Rue du Moulin Joly
緑風車通り	绿风车磨坊路	Rue du Moulin Vert
乙女の風車通り	少女风车磨坊路	Rue du Moulin de la Vierge
ロンシャン競馬場	隆尚赛马场	Hippodrome ParisLongchamp
ポルト・ディヴリー	伊夫里门	Porte d'Ivry
ピエール・キューリー	皮埃尔居里站	Pierre Curie
モンパルナス墓地	蒙帕纳斯公墓	Cimetière du Montparnasse
慈愛の風車	慈善风车磨坊	Moulin de la Charité
カリタス修道会	明爱会	Caritas

275

巴黎历史侦探

バター水車	黄油水车	Rue du Moulin-de-Beurre
ダゲール通り	达盖尔路	Rue Daguerre
メルシエ	梅尔西埃	Louis-Sébastien Mercier
タブロー・ド・パリ	巴黎图景	Tableau de Paris
アンシャン・レジーム期	旧制度时期	Ancien régime
ルイ・マンドラン	路易・曼德林	Louis Mandrin
ベルヴィル	贝尔维尔	Belleville
ブザンソン	贝桑松	Besançon
王立製塩所	皇家盐场	Saline Royale d'Arc-et-Senans
クロード＝ニコラ・ルドゥー	克劳德・尼古拉斯・勒杜	Claude Nicolas Ledoux
フロックコート	长礼服	Frock Coat
パリを囲む城壁が、パリに不平をいわせるのだ	桎梏巴黎的围墙正使得巴黎人民窃窃私语以表示不满	Le mur murant Paris rend Paris Murmurant
ラヴォワジェ	拉瓦锡	Antoine-Laurent de Lavoisier
革命暦	法国共和历	Calendrier Révolutionnaire Français
ブドウ月（ヴァンデミエール）	葡月	Vendémiaire
徴税請負人の壁	包税人城墙	Mur des Fermiers généraux
アシェット社	阿歇特出版集团	Hachette Livre
ブルーガイド	蓝宝书	Guide Bleu
アンリ・ルソー	亨利・卢梭	Henri Julien Félix Rousseau
新パリ情景	新巴黎	Le Nouveau Paris
テクシエ	泰克西埃	Edmond Texier
モンソー公園	蒙梭公园	Parc de Monceau
ロトンド	圆厅城关	Rotonde

译名对照表

クールセル大通り	库尔赛乐大道	Boulevard de Courcelles
バティニョル	巴蒂尼奥勒大道	Boulevard des Batignolles
クリシー	克利希大道	Boulevard de Clichy
ロッシュシュアール	玛格丽特·德·罗什舒阿尔大道	Boulevard Marguerite de Rochechouart
ラ・シャペル	拉夏佩尔大道	Boulevard de la Chapelle
ヴィレットのロトンド	拉维莱特圆厅城关	Rotonde de la Villette
ナシオン広場	民族广场	Place de la Nation
ダンフェール=ロシュロー広場	丹费尔罗什洛广场	Place Denfert-Rochereau
カタコンペ	地下墓穴	Catacombes de Paris
ニコラ=ルドゥー辻公園	勒杜街心公园	Square Claude-Nicolas-Ledoux
サン=マルタン運河	圣马丁运河	Canal Saint-Martin
	塞纳码头	Quai de la Seine
波止場の出逢い	相逢在码头	Le Rendez-Vous des Quais
クロード・シャブロル	克劳德·夏布洛尔	Claude Chabrol
ペニッシュ・オペラ	船上歌剧院	Péniche Opéra
プロイセン	普鲁士	Preußen（德）
七月王政の時代	奥尔良王朝	monarchie d'Orléans
ティエール内閣	梯也尔政府	Thiers
ティエールの城壁	梯也尔城墙	Enceinte de Thiers
ゾーヌ	禁区	La Zone
プリミティブ絵画	原始派绘画	Primitive
ラヴァル市	拉瓦勒市	Laval
入市税関	税卡	L'octroi
コートルード・インスチチュート	考陶尔德艺术学院	The Courtauld Institute of Art
ヴァンヴ門	旺午门	Porte de Vanves
のみの市	跳蚤市场	Marché aux puces

277

巴黎历史侦探

オートゥイユ河岸	欧特伊码头	Quai d'Auteuil
トゥルネル橋	托内尔桥	Pont de la Tournelle
グルネル橋	格勒纳勒桥	Pont de Grenelle
サン＝ニコラ港から見たサン＝ルイ島の眺め、夕暮れ	夜间从圣尼古拉斯港口看圣路易岛	Vue de l'Ile Saint-Louis, Prise du Port Saint-Nicolas, le Soir
ルーヴル港	卢浮宫港口	Port du Louvre
サント＝シャペル	圣礼拜教堂	Sainte Chapelle
ポン＝デ＝ザール	艺术桥	Pont des Arts
チャップリン	卓别林	Sir Charles Spencer Chaplin
ショワズール小路	舒瓦瑟尔拱廊街	Passage de Choiseul
ミラノ	米兰	Milano（意）
ヴィットリオ・エマヌエーレ回廊	埃马努埃莱二世长廊	Galleria Vittorio Emanuele II
ナント	南特	Nantes
パサージュ・ポムレー	波默海耶廊街	La Passsage Pmmeraye
国立図書館(リシュリュー館)	法国国家图书馆黎塞留馆	Bibliothèque nationale de France, Le site Richelieu
ギャルリー・ヴィヴィエンヌ	薇薇安画廊街	Galerie Vivienne
グラン・ブールヴァール	林荫大道区	Grands Boulevards
マドレーヌ	玛德莱娜	Madeleine
マドレーヌ教会	圣玛德莱娜教堂	Église de la Madeleine
シャルルヴィル	沙勒维尔	Charleville
バンヴィル	庞维勒	Théodore de Banville
高踏派詩集	现代高蹈诗集	Le Parnasse contemporain
アルフォンス・ルメール書店	阿尔方斯·勒梅尔书店	Librairie Alphonse Lemerre

サチュルニアン詩集	忧郁诗篇	Poèmes saturniens
艶めく宴	英勇的派对	Fêtes galantes
よい歌	好歌	La Bonne Chanson
リブリ	小书店	Libria
イザンバール先生	伊桑巴尔老师	Izambard
ドメニー先生	德莫尼老师	Paul Demeny
	魏尔伦的诗，致弗朗索瓦科佩	
ヴァリエテ座	游艺剧院	Théatre des Variétés
証券取引所	老证券交易所	Bourse de Paris
パサージュ・デ・パノラマ	全景拱廊街	Passage des Panoramas
ギャルリー・デ・ヴァリエテ	游艺画廊街	Galerie des Varietes
サン゠マルク小路	圣马可画廊街	Galerie Saint-Marc
イタリアン大通り	意大利大道	Boulevard des Italiens
カフェ・アングレ	英国咖啡馆	Café Anglais
ダゲール	达盖尔	Louis Daguerre
プレヴォー	普雷沃	Pierre Prévost
ダゲレオタイプ	银版摄影法	daguerréotype
外国人のための新パリ案内	巴黎外国人新指南	Le Nouveau Conducteur de l'Etranger à Paris
カフェ・ヴエロン	韦龙咖啡店	Véron
スイス	叙斯	Susse
マルキ	致考兰公爵夫人	A la Duchesse de Courlande
フエリックス	费利克斯	Félix
コルベール	科尔伯特画廊街	Galerie Colbert
ヴエロ゠ドダ	维侯多达画廊街	Galerie Véro-Dodat
オペラ	歌剧院拱廊街	Passage de l'Opéra
絵になるフランス	风景如画的法国	La France pittoresque

巴黎历史侦探

ルーゴン・マッカール叢書	卢贡·马卡尔家族	Les Rougon-Macquart
皇后ウジェニー	欧仁妮皇后	Eugénie de Montijo
マネ	马奈	Édouard Manet
フェドー	费多廊街	Galerie Feydeau
モンマルトル	蒙马特画廊街	Galerie Montmartre
フィレンツェ	佛罗伦萨	Firenze（意）
ウフイッツィ美術館	乌菲齐美术馆	Galleria degli Uffizi
ギャルリー・ラファイエット	老佛爷百货	Galeries Lafayette
木のアーケード	木廊商场	Galeries de Bois
ジャン＝ポール・ゴルチエ	让-保罗·高缇耶	Jean Paul Gaultier
ジュフロワ小路	茹弗鲁瓦拱廊街	Passage Jouffroy
ヴェルドー小路	韦尔多拱廊街	Passage Verdeau
ブールヴァール・モンマルトル	蒙马特大道	Boulevard Montmartre
デルヴォー	德尔沃	Alfred Delvau
パリの快楽	巴黎的快乐	Les plaisirs de Paris
グレヴァン人形館	格雷万蜡像馆	Musée Grévin
シャルチエ	能人居	Le Bouillon Chartier
フォーブール＝モンマルトル	蒙马特街区	Faubourg-Montmartre
ゾラのデパート小説	指《妇女乐园》	
ボヌール・デ・ダム百貨店	妇女乐园	Au Bonheur des Dames
モレリ	莫雷利	Louis Moréri
歴史事典	历史大辞典	Le Grand Dictionnaire Historique
ボードレール	波德莱尔	Charles-Pierre Baudelaire
ソルボンヌ小路	索邦拱廊街	Passage de la Sorbonne
ソルボンヌ大学	索邦大学	Sorbonne Université

译名对照表

ソルボンヌ通り	索邦路	Rue de la Sorbonne
パサージュ・デュ・ポン=ヌフ	新桥拱廊街	Passage du Pont-Neuf
サン=ジェルマン=デ=プレ	圣日耳曼德佩区	Quartier Saint-Germain-des-Prés
エミール・ゾラ	爱弥尔·左拉	Émile Zola
テレーズ・ラカン	红杏出墙	Thérèse Raquin
ヴェルノン	韦尔农	Vernon
ルーアン	鲁昂	Rouen
ラカン夫人	拉甘太太	
カミーユ	卡米耶	
セーヌ通り	塞纳路	Rue de Seine
テレーズ	泰蕾丝	
ローラン	洛朗	
シモーヌ・シニョレ	西蒙·西涅莱	Simone Signoret
マルセル・カルネ	马塞尔·卡尔内	Marcel Carné
嘆きのテレーズ	悲哀的桃乐丝	Thérèse Raquin
クロワ・ルッス	红十字区	Croix-Rousse
ネール堀端通り	奈斯勒护城河路	Rue des Fosses de Nesle
ジャック・カロ通り	雅克卡洛路	Rue Jacques Callot
パレット	调色板	La Palette
乗合馬車協会	公共马车总公司	Compagnie générale des omnibus
パッシー	帕西	Passy
メーヌ通り	缅因大街	Avenue du Maine
北駅	北站	Gare de Paris-Nord
グラン・ブールヴァール	格兰大道站	Grands Boulevards
モーパッサン	莫泊桑	Guy de Maupassant
首飾り	项链	La Parure
ロワゼル氏	罗瓦赛尔	

281

巴黎历史侦探

マティルド	玛蒂尔德	
フォレスティエ夫人	福雷斯蒂埃太太	
シャンゼリゼ通り	香榭丽舍大道	Avenue des Champs-Élysées
トゥールダルジャン	银塔餐厅	La Tour d'Argent
ムーリス	莫里斯酒店	Le Meurice
ブリストル	布里斯托尔酒店	Le Bristol
ヘミングウェイ	海明威	Ernest Miller Hemingway
グランド・ホテル	巴黎大酒店	Grand Hotel de Paris
オペラ座	巴黎歌剧院	Opéra Palais Garnier
カフェ・ド・ラ・ペ	和平咖啡馆	Cafe de la Paix
オテル・ガルニ	加尔尼酒店	Hotel garni
マルタン・ナド	马丁·纳多	Martin Nadaud
ある出稼石工の回想	莱昂纳多回忆录，一个曾经的石匠少年	Mémoires de Léonard, ancien garçon maçon
ベラミ	漂亮朋友	Bel-Ami
ジョルジュ	乔治	
フォレスティエ	弗雷斯蒂埃	
フィリップ	菲利普	Charles-Louis Philippe
ビュビュ・ド・モンパルナス	蒙帕纳斯的布布	Bubu de Montparnasse
ルネ・クレマン	雷内·克雷芒	René Clement
ミシェル・トゥルニエ	米歇尔·图尼埃	Michiel Tournier
ニュルンベルク	纽伦堡	Nürnberg（德）
アルルカン	小丑	arlequin
ディネ・デュ・コメルス	商务餐厅	Dîner du Commerce
タヴェルニエ	塔维涅	Tavernier
フレール＝プロヴァンソー	普罗旺斯兄弟	Frère Provence
ルドワイヤン	乐多宴会馆	Pavillon Ledoyen

プチ＝パレ	小皇宫	Petit Palais
ヴェフール	维富	Véfour
ヴィクトワール広場	胜利广场	Place des Victoires
デラメ未亡人	德拉梅先生的遗孀	Veuve Déramé
ブイヨン	肉汤餐厅	Bouillon
デュヴァル氏	杜瓦尔先生	Duval
ラシーヌ通り	拉辛路	Rue Racine
ブイヨン・ラシーヌ	拉辛肉汤	Bouillon Racine
シャルル・クロ	夏尔·克罗	Charles Cros
ジュテイスト・サークル	尔母诗社	Le Cercle des poètes zutiques (或 Zutistes)
ガンゲット	小咖啡店	Guinguette
ハンスカ	埃韦利纳·汉斯卡	Ewelina Hańska
テオドール・ジェリコー	杰利柯·西奥多	Théodore Géricault
エティエンヌ＝ジュール・マレー	艾蒂安-朱尔·马雷	Étienne-Jules Marey
キャピュシーヌ大通り	嘉布遣大道	Le Boulevard des Capucines
モンパルナス駅	蒙帕纳斯站	Gare de Paris-Montparnasse
プチット・カリフォルニー	加利福利亚小馆	Petit Californie
クリニヤンクール	克里尼昂古尔	Clignancourt
プチ・ランポノー	朗波诺小馆	Petit-Ramponneau
シプスト	希斯特	Chiboust
マルシャン・ド・ヴァン	酒商酒馆	marchands de vin
サマリテーヌ浴場	莎玛丽丹浴室	Bains de La Samaritaine
リモージュ	利摩日	Limoges
ジュゼッペ・トルナトーレ	朱塞佩·托纳多雷	Giuseppe Tornatore

巴黎历史侦探

明日を夢見て	新天堂星探	L'uomo delle Stelle
明るい部屋	明室——摄影纵横谈	Camera Lucida
エプソムの競馬	艾普森的赛马	Le Derby d'Epsom
ロッシーニ	罗西尼	Gioachino Antonio Rossini
ナダール	纳达尔	Nadar
ディズレリ	迪斯德里	André Adolphe-Eugène Disdéri
ベルタル	贝尔塔	Bertall
一八五九年のサロン	1859年的沙龙	Salon de 1859
カルジャ	卡加	Etienne Carjat
ラフィット通り	拉菲特街	Rue Laffitte
ブールヴァール・オスマン	奥斯曼大道	Boulevard Haussmann
やくざなお人好し	粗人	Vilains Bonshommes
ファンタン＝ラトゥール	方丹-拉图尔	Henri Fantin-Latour
テーブルの片隅	诗人聚会	Un coin de table
アルベール・メラ	阿尔伯特・梅拉特	Albert Mérat
ゴンクール兄弟	龚古尔兄弟	Les frères Goncourt
ヒッチコック	希区柯克	Sir Alfred Joseph Hitchcock
ダイヤル M を廻せ！	电话谋杀案	Dial M for Murder
デヴィッド・ブルースター	布鲁斯特-戴维爵士	Sir David Brewster
ヴィクトリア女王	维多利亚女王	Victoria
フェリエ＝スーリエ	费里埃苏利耶	Ferrier & Soulier
ペロー	佩罗	Charles Perrault
赤ずきん	小红帽	Le Petit Chaperon rouge
ニース	尼斯	Nice
カンヌ	戛纳	Cannes
サン＝トロペ	圣特罗佩	Saint-Tropez

译名对照表

テュイルリー公園	杜乐丽花园	Jardin des Tuileries
オルレアン公	奥尔良公爵	duc d'Orléans
ランビュトー伯爵	朗布托伯爵	Claude-Philibert Barthelot de Rambuteau
ランビュトーの円柱	朗布托柱	Colonnes Rambuteau
ヴェスパジエンヌ	韦帕芗（建筑名）	vespasienne
ウェスパシアヌス	韦帕芗（古罗马皇帝名）	Titus Flavius Vespasianus
フォーブールサン＝マルタン	圣马丁市郊路	Rue du Faubourg Saint-Martin
第二帝政時代	法兰西第二帝国	Second Empire
ナポレオン三世	拿破仑三世	Napoléon III
ガルニエ	加尼叶	Charles Garnier
貧窮の根絶	论消灭贫困	Extinction du Paupérisme
シテ・ナポレオン	拿破仑城	La cité Napoléon
シャルル・クロ	查尔斯·克罗	Charles Cros
ボージョレ・ギャラリー	博若莱画廊街	Galerie de Beaujolais
凱旋門	凯旋门	Arc de triomphe de l'Étoile
パサージュ・ドロルム	德洛姆拱廊街	Passage Delorme
パサージュ・ヴェロ＝ドダ	维侯多达画廊街	Galerie Véro-Dodat
リュクサンブール公園	卢森堡公园	Jardin du Luxembourg
植物園	巴黎植物园	Jardin des Plantes
サン＝シュルピス広場	圣叙尔比斯广场	Place Saint-Sulpice
東駅	东站	Gare de l'Est
サン＝ラザール駅	圣拉扎尔火车站	Gare Saint-Lazare
リヨン駅	里昂站	Gare de Lyon
オルレアン駅		
オルセー美術館	奥赛博物馆	Musée d'Orsay

巴黎历史侦探

マドレーヌ広場	玛德莱娜广场	Place de la Madeleine
失われた時を求めて	追忆似水年华	À la recherche du temps perdu
フランソワーズ	弗朗索瓦丝	Françoise
見出された時	重现的时光	Le Temps retrouvé
モーリス広告塔	莫里斯海报柱	Colonne Morris
メリッサ水	玫瑰香水	Acqua di Melissa
ガブリエル・ダヴィウー	加布里埃尔·达维乌	Gabriel Davioud
サン＝ミシェル広場	圣米歇尔广场	Place Saint-Michel
シャトレ広場	沙特莱广场	Place du Châtelet
フィルム・ノワール	黑色电影	Film Noir
サンテ刑務所	桑特监狱	Prison de la Santé
アラゴ大通り	阿拉贡大道	Boulevard Arago
パッシー	帕西	Passy
バルザックの家	巴尔扎克故居	Maison de Balzac
ミラボー駅	米拉波站	Mirabeau
ゲルマント公爵	盖尔芒特公爵	Duc de Guermantes
シャルリュス男爵	夏吕斯男爵	Baron de Charlus
ヌイイー	纳伊	Neuilly
ブルゴーニュ通り	勃艮第路	Rue de Bourgogne
囚われの女	女囚	La Prisonnière
刑事ジョン・ブック／目撃者	目击者	Witness
フィラデルフィア駅	费城火车站	Philadelphia Station
ジュピアン	絮比安	Jupien
ソドムとゴモラ	索多姆与戈摩尔	Sodome et Gomorrhe
ロベール・ド・モンテスキウ	罗伯特·德·孟德斯鸠	Robert de Montesquiou
シャンゼリゼ公園	香榭丽舍花园	Jardins des Champs-Élysées

花咲く乙女たちのかげに	在少女们身旁	À l'ombre des jeunes filles en fleurs
ベルマ	拉贝玛	La Berma
ジルベルト	希尔贝特	Gilberte Swann
コンブレー	贡布雷	Combray
アドルフ叔父	阿道夫外叔祖父	oncle Adolphe
侯爵夫人	侯爵夫人	Madame de Villeparisis
パリ万博ガイドブック	巴黎世博会指南	L'Exposition universelle de 1867
アルコル橋	阿尔科莱桥	Pont d'Arcole
コロンブ親父	哥伦布伯伯	père Colombe
赤い男爵	红男爵	Le Baron Rouge
	勒德吕罗林站	Ledru Rollin
アリーグル	阿里葛莱	Aligre
アリーグル通り	阿里葛莱路	Rue d'Aligre
アリーグル広場	阿里葛莱广场	Place d'Aligre
ドワノー	杜瓦诺	Robert Doisneau
ブールヴアール・モンマルトル	蒙马特大道	Boulevard Montmartre
	泰奥菲勒・鲁塞尔路	Rue Théophile-Roussel
赤い風船	红气球	Le Ballon Rouge
リヒトホーフェン	里希特霍芬	Manfred Albrecht Freiherr von Richthofen
ジェルミナール	萌芽	Germinal
メグラ	梅格拉	Maigrat
コット通り	科特路	Rue de Cotte
ルノワール	雷诺阿	Renoir
アデール	阿黛儿	Adèle
ヴィルジニー	维尔吉妮	Virginie
グット＝ドール	黄金滴	La Goutte d'Or
オーギュスト	奥古斯特	Auguste

巴黎历史侦探

ポワッソニエール市門	鱼船	Poissonnière
マダム・フォーコニエ	福公尼耶太太	Madame Fauconnier
ジヤン・ルノワール	让·雷诺阿	Jean Renoir
ピクニック	乡间一日	Une Partie de Campagne
デュフール	杜弗	Dufour
悪の華	恶之花	Les Fleurs du mal
屑拾いの酒	拾荒者之酒	Le Vin des Chiffonniers
猫たちの天国	猫的天堂	Le Paradis des Chats
金髪のヴィーナス	金发爱神	La Blonde Vénus
ブール・ノワール	黑球	La Boule Noire
ピガール広場	皮加勒广场	Quartier Pigalle
白い女王	白色女王	Reine-Blanche
ポワソニエール街	鱼船路	Rue des Poissonniers
トルコ大王	大土耳其酒店	Grand-Turc
隠者の庵	隐士舞厅	Bal de l'Ermitage
カドラン小路	卡特兰胡同	Impasse du Cadran
ロベール・ダンスホール	罗伯特舞厅	Bal Robert
ゲーテ庭園	歌德花园	
ミル・コロンヌ	千柱舞场	Bal des Mille Colonnes
サロン・ド・デノワイエ	德努瓦耶沙龙	Desnoyers
クルティーユ	库尔蒂耶	Courtille
モレル館	莫雷尔馆	
アマンディエ	阿芒迪耶	Amandiers
メニルモンタン	梅尼蒙当	Ménilmontant
愛の島	爱之岛	l'Île d'amour
肉体の悪魔	魔鬼附身	Le Diable au corps
田舎の日曜日	乡村星期天	Un Dimanche à la Campagne

译名对照表

バスチーユ・オペラ	巴士底歌剧院	L'Opéra de la Bastille
ボワシ＝サン＝レジェ	布瓦西圣雷热	Boissy-Saint-Léger
ジョワンヴィル＝ル＝ポン	桥连城	Joinville-le-Pont
ジョワンヴィル橋	连城桥	Pont de Joinville
ファナック島	法纳克岛	île Fanac
パトー＝ムーシユ	塞纳河游船	Bateaux Mouches
ドニーズ	黛妮丝	Denise Baudu
オクターヴ	奥克塔夫	Octave Mouret
ポーリーヌ	保丽诺	Pauline Cugnot
ボン・マルシェ百货店	好公道	Bon Marché
ボージェ	包杰	Baugé
ノジャン＝シユル＝マルヌ	马恩河畔诺让	Nogent-sur-Marne
シェ・ジュリアン	朱利安小屋	Chez Julien
ドロッシュ	杜洛施	Henri Deloche
ノルマンディ	诺曼底	Normandie
コタンタン島	科唐坦半岛	Cotentin Peninsula
ラ・グーリュ	贪吃者	La Goulue
ラディゲ	雷蒙·拉迪盖	Raymond Radiguet
マルト	玛尔特	Marthe
ジャック	雅克	Jacques
ジャン・コクトー	让·谷克多	Jean Cocteau
マルヌ河畔	马恩河畔	Bords de la Marne (L'automne, vue de Damery-Boursault)
パリ郊外	巴黎市郊	La Banlieue de Paris
ブレーズ・サンドラール	布莱斯·桑德拉尔	Blaise Cendrars
ロバンソン	罗宾逊	Robinson
シェ・ジェジェーヌ	杰仁小屋	Chez Gégène

巴黎历史侦探

ウージェーヌ・ファヴルー	欧仁・法布雷	Eugène Favreu
ロビンソン・クルーソー	鲁宾孙漂流记	Robinson Crusoe
ル・プチ・ロバンソン	小罗宾逊	Le Petit Robinson
緑の遊歩道	绿荫步道	promenade plantée
ジャック・イレレ通り	雅克・伊雷赫路	Rue Jacques Hillairet
ロラン・バルト	罗兰・巴特	Roland Barthes
マルク・ブロック	马克・布洛赫	Marc Bloch
モンガレ駅	蒙特加雷站	Montgallet
マルタン君	马尔丹	Martin
マルセル・エーメ	马塞尔・埃梅	Marcel Aymé
死んだ時間	死亡时间	Le Temps mort
ポルト・ド・シャラントン駅	沙朗通门站	Porte de Charenton
マンドール通り	曼多尔路	Rue de la Main d'Or
印象派の散歩道	印象派散步道	Les Chemins des impressionnistes
サン゠ジェルマン゠アン゠レイ	圣日耳曼昂莱	Saint-Germain-en-Laye
マルメゾン	马尔梅松	Malmaison
シャトゥー゠クロワシー駅	沙图土克鲁瓦西站	Chatou-Croissy
イヴリーヌ県	伊夫林省	Yvelines
ヴェルサイユ	凡尔赛	Versailles
フルネーズ	火炉之家	Fournaise
ル・ペック村	勒佩克	Le Pecq
サン゠テティエンヌ	圣艾蒂安	Saint-Étienne
アルフォンス・フルネーズ	阿方斯・富尔奈兹	Alphonse Fournaise
アルフォンシーヌ	阿方西娜	Alphonsine

译名对照表

フロベール	福楼拜	Gustave Flaubert
シャルパンティエ	夏邦杰	Charpentier
シスレー	西斯莱	Alfred Sisley
ドガ	德加	Edgar Degas
カイユボット	卡耶博特	Gustave Caillebotte
シャトゥーでの舟遊び	沙图的划船者	Le Canotiers à Chatou
ワシントン・ナショナル・ギャラリー	美国国家艺术馆	National Gallery of Art
ラ・グルヌイエール	青蛙塘/（地名）拉格勒努耶尔	La Grenouillère
グリヨン亭	格里荣饭店	Le restaurant Grillon
ポールの恋人	保罗的女人	La Femme de Paul
舟遊びをする人たちの昼食	船上的午宴	Le Déjeuner des Canotiers
アリーヌ	阿莉娜	Aline Charigot
エルキュール	赫丘勒	Hercule
印象派の画家たちの島	印象派之岛	Île des Impressionnistes
シャトゥーの鉄道橋	沙图的铁路桥	Pont du chemin de fer à Chatou
カマンベール	卡芒贝尔	Camembert
ブージヴァル	布吉瓦尔	Bougival
バジール	巴齐耶	Frédéric Bazille
デンヴァー	丹弗	Bernard Denvir
素顔の印象派	印象派的真面目	The Impressionists at First Hand
メトロポリタン美術館	大都会艺术博物馆	The Metropolitan Museum of Art
ストックホルム美術館	瑞典国立博物馆	Nationalmuseum
イヴェット	伊薇特	Yvette
ジャンヌ・ダルク	圣女贞德	Jeanne d'Arc

巴黎历史侦探

女の一生	一生	Une vie
腐屍	死尸	Une Charogne
エヴェヌマン紙	事件报	L'Événement
フィガロ紙	费加罗报	Le Figaro
ピサロ	毕沙罗	Camille Pissarro
マドレーヌ	玛德莱娜	Madeleine
ミレー	米勒	Jean-François Millet
コロー	柯罗	Jean-Baptiste Camille Corot
ターナー	透纳	Joseph Mallord William Turner
ブージヴァル橋	布吉瓦尔大桥	Le Pont de Bougival
ルーヴシエンヌ駅	卢弗斯安娜站	Louveciennes
ベルト・モリゾ	贝尔特・莫里索	Berthe Morisot
アルジャントゥーユ	阿让特伊	Argenteuil
トゥルゲーネフ	屠格涅夫	Ива́н Сергe'евич Typre'нев
ビゼー	比才	Georges Bizet
カルメン	卡门	Carmen
ヴラマンク	弗拉芒克	Maurice de Vlaminck
ブージヴァルのレストラン「マシーン」	布吉瓦尔的餐厅	Restaurant de la Machine à Bougival
マチス風	马蒂斯风格	Henri Matisse
マルケ風	马尔凯风格	Albert Marquet
マルリ	马尔利勒鲁瓦	Marly-le-Roi
マルリの機械（マシーン）	马尔利的机械	Machine de Marly
ルイ一四世	路易十四	Louis XIV
ヴェルサイユ宮殿	凡尔赛宫	Palais de Versailles
アレクサンドル・デュマ	亚历山大・仲马	Alexandre Dumas
モンテ・クリストの館	基度山伯爵城堡	Château de Monte-Cristo
ブルゴーニュ学寮	勃艮第学寮	Collège de Bourgogne

292

パリ大学	巴黎大学	Université de Paris
国民団学生（ナシオン）	民族团	Nations
フランス国民団	法兰西民族团	La nation française
ナヴァール学寮	纳瓦拉书院	Collège de Navarre
フワール通り	麦秸路	Rue du Fouarre
ダンテ	但丁	Dante Alighieri
神曲	神曲	Divina Commedia
天国篇	天国篇	Paradiso
トマス・アクィナス	托马斯·阿奎纳	Thomas Aquinas
アルベルトゥス・マグヌス	艾尔伯图斯·麦格努斯	Albertus Magnus
シジェール	希吉尔	Sigieri di Brabante
ブルボネ	波旁	Bourbonnais
エピステモン	哀庇斯特蒙	Epistemon
モンターニュ＝サント＝ジュヌヴィエーヴ通り	圣女日南斐法山路	Rue de la Montagne Sainte Geneviève
ジャンヌ・ド・ナヴァール	胡安娜一世	Jeanne de Navarre
ソルボンヌ学寮	索邦学院	Collège de Sorbonne
悪魔の屁	恶魔之屁	Pet au Diable
遺言書	大遗言集	Le Testament
ギヨーム司祭	纪尧姆教士	Guillaume de Villon
ギー・タバリー	居伊·塔巴里	Guy Tabari
パンテオン	先贤祠	Panthéon
サント＝ジュヌヴィエーヴの丘	圣女日南斐法山	Montagne Sainte Geneviève
サント＝ジュヌヴィエーヴ図書館	圣女日南斐法图书馆	Bibliothèque Sainte-Geneviève
エラスムス	伊拉斯谟	Desiderius Erasmus
モンテーギュ学寮	蒙泰居学院	Collège de Montaigu

巴黎历史侦探

対話集	谈话集	Colloquia
ピクロコル戦争	比克克尔战争	la Guerre Picrocholine
グラングジエ	卡冈都亚	Gargantua
ヴォケール館	伏盖公寓	la Maison Vauquer
サント・バルブ学寮	圣巴尔贝学院	Collège Sainte-Barbe
イエズス会	耶稣会	Societas Iesu
ロヨラ	罗耀拉	Ignacio de Loyola
ザビエル	沙勿略	Saint Francis Xavier
ベルナール・クシュネール	贝尔纳·库什内	Bernard Jean Kouchner
ボルドー	波尔多	Bordeaux
ギュイエンヌ学寮	吉耶纳学院	Collège de Guyenne
ミシェル	米歇尔	Michel de Montaigne
エセー	蒙田随笔	Essais
ロジェ＝アンリ・ゲラン	罗歇-亨利·盖朗	Guerrand Roger-Henri
ベンヤミン	瓦尔特·本雅明	Walter Bendix Schoenflies Benjamin